MERIAN *live*

Namibia

Jan-Hendrik Wuttke ist Geologe und
lebt und reist seit den 1990er-Jahren im
südlichen Afrika. In Namibia mit seinen
unendlichen Landschaften hat er auch
privat sein Glück gefunden.

 Familientipps

 Diese Unterkünfte haben
behindertengerechte Zimmer

 Ziele in der Umgebung

Preise für ein Doppelzimmer mit Frühstück:

€€€€ ab 200 €   €€ ab 50 €
€€€ ab 100 €   € bis 50 €

Preise für ein dreigängiges Menü ohne
Getränke:

€€€€ ab 35 €   €€ ab 5 €
€€€ ab 20 €   € bis 5 €

Inhalt

◄ Die Himba sind Rinderzüchter und leben noch heute nomadisch.

Es ist ein kalter Morgen. Die Sonne schickt ihre ersten Strahlen über die graubraune Bergkette des Kaokovelds, während wir dem zügig ausschreitenden Himba-Guide Moses durch das Trockenflussbett des Hoarusib folgen. Plötzlich bedeutet er uns, stehen zu bleiben. Vorsichtig pirscht er um die nächste Flussbiegung, winkt uns heran und ermahnt uns zu absoluter Ruhe: Keine zehn Meter entfernt trotten drei Elefantenkühe mit einem Jungtier durchs Rivier. Es ist ein unglaublich erhabener Moment, diesen seltenen, dem Leben in der wüstenhaften Landschaft perfekt angepassten Tieren so nahe zu sein.

Realität und Idyll

Zehn Minuten knabbern sie am Grün der den Fluss säumenden Bäume, stets das Jungtier in die Mitte stupsend, um es keiner Gefahr auszusetzen. Dann ziehen sie langsam weiter. Wir fühlen uns beglückt, diesen Tieren begegnet zu sein, doch Moses fragt provokativ, wie wir es denn gefunden hätten, wenn die Elefanten unsere Hirsefelder zertrampelt oder gar unsere Hütten zerstört hätten. – Betretene Stille. Zwei Realitäten prallen hier aufeinander: unsere Sehnsucht nach der heilen, unverfälschten und wilden Natur und der Alltag der Himba, in deren Dörfern die unter Naturschutz stehenden

◄ Elefanten, Springböcke und Zebras kann man am Wasserloch sichten.

Elefanten großen Schaden anrichten. Lange war die Antwort auf die Zerstörungen Wilderei. Heute, da die Himba in selbst verwalteten Schutzgebieten, den Conservancies, an der Sehnsucht der Touristen verdienen, ist es ihr ureigenstes Interesse, den Wildreichtum zu erhalten. Doch sie erzählen ihren Gästen auch von den Schattenseiten. So wird der schwärmerische, zivilisationsmüde Kopf wieder zurechtgerückt.

Das ist das Besondere an Namibia: Es ist kein Land einfacher Wahrheiten und klarer Ansagen. Im komplexen und zerbrechlichen ökologischen Umfeld eines von Wüsten und Halbwüsten geprägten Landes hängt alles mit allem zusammen, und ein unbedachter Eingriff hat unabsehbare Folgen. Wer durch Namibia reist, wird diese Erkenntnis schnell in sich aufnehmen, denn die meisten Namibier wissen, dass sie die Schönheit und die Gaben ihrer Heimat nur erhalten können, wenn sie sich der Natur fügen. Bei allen Gesprächen, ob auf einer Lodge, einer Gästefarm oder in einem Camp, steht dieses Thema auf unterhaltsame, nie belehrende Weise im Vordergrund.

Die Farben der Wüste

Auch dass Wüste nicht uniform ist, sondern tausend Gesichter hat, ist eine der wunderbaren Lektionen, die Namibia seinen Besuchern mitgibt. Hier die klassische Wüste am Sossusvlei, mit Dünen bis zum Horizont, dort die von Inselbergen überragten Weiten der Kiesnamib, schließlich der Zen-Garten Gottes, die Kalahari mit ihrem Muster paralleler Dünenrücken, das Wüstengebirge des Kaokovelds, die Schlucht des Fish River Canyon. Sogar der üppig grüne Caprivi Strip im Nordosten wurzelt auf Wüstenboden. Geologisch gehört er zur Kalahari.

Wüste ist wüst – von wegen! Wie grün sind da die weiten, von silbrigem Steppengras bewachsenen Ebenen des Hochlandes nach den Winterregen; wie üppig wuchern Galeriewälder entlang des Sambesi und Linyati, und der Köcherbaum gewinnt jeden Schönheitswettbewerb. Auch der Wildreichtum ist erstaunlich: Die Tiere haben sich ihrer Umwelt angepasst, die vielen verschiedenen Antilopenarten mit dem majestätischen Oryx als Namibias Wappentier, pfeilschnelle Geparden, tänzelnde Giraffen und kurzsichtige Nashörner. Ebenso angepasst verlief das Leben der San, Nama und Damara, die wohl als erste Menschen die Weiten Namibias durchstreiften, und auch die später eingewanderten Volksgruppen bis hin zu den Weißen haben diese Lektion schnell gelernt. Selbst die wilhelminische Architektur, die Namibias Städte nostalgisch schmückt, erweist dem Klima mit tiefen Veranden ihre Reverenz.

Wenn der Himmel brennt

Zurück ins Kaokoveld. Der Tag geht zu Ende, Moses und seine Helfer haben ein Lager aufgeschlagen. Wir sitzen am Feuer, auf dem Grill braten Kudusteaks, und der Koch hat Windhoek Lager aus der Kühltasche gezaubert. Sundowner nennen die Namibier den magischen Moment, wenn die Sonne untergeht, das Bier kühl die Kehle hinunterrinnt und die Gespräche verstummen, weil der Himmel in Flammen steht.

MERIAN -**TopTen** MERIAN zeigt Ihnen die Höhepunkte des Landes: Das sollten Sie sich bei Ihrem Besuch in Namibia nicht entgehen lassen.

 Angeln an der Skelettküste
In langen Reihen werfen Angler die Ruten in die Brandung und sorgen für das Abendessen (▸ S. 29).

 Felsbilder von Twyfelfontein
Wer dieses Weltkulturerbe geschaffen hat, ist unbekannt; Wanderwege führen an den zahlreichen Felsgravuren vorbei (▸ S. 58).

 Epupa-Fälle
Das faszinierende Naturschauspiel und die Kultur der Himba lohnen die lange Anfahrt (▸ S. 62, 127).

 Etosha National Park
Im größten und ältesten Schutzgebiet Namibias durchstreifen riesige Tierherden die Salzpfanne (▸ S. 66).

 Sossusvlei
Nicht ganz die höchsten, aber sicherlich die schönsten Sterndünen der Welt laden zur Besteigung ein (▸ S. 97).

 Passstraße mit Aussicht
Sehr steil und aussichtsreich: Der Spreetshoogte Pass belohnt mit einem herrlichen Namib-Panorama (▸ S. 98, 128).

 Fish River Canyon und Ai-Ais
Die zweitgrößte Schlucht der Welt erlaubt einen Blick in die Frühgeschichte der Erde und lockt mit einem entspannenden Bad in heißen Quellen (▸ S. 103).

 Kolmanskop
Die perfekt erhaltene Geisterstadt mit ihren Jugendstilhäusern ist halb im Sand versunken (▸ S. 111).

 Ntwala Island Lodge
Nur vier Bungalows auf einer eigenen Insel – mit luxuriös ist die beeindruckende Anlage nur unzureichend beschrieben (▸ S. 118).

 Victoriafälle
Die größten Fälle der Welt locken zu Recht Besucher aus aller Herren Länder an (▸ S. 119).

MERIAN -**Tipps** Mit MERIAN mehr

erleben. Nehmen Sie teil am Leben des Landes und entdecken Sie Namibia, wie es nur Einheimische kennen.

1 Eine Zeltnacht an der Blutkuppe

Wo sonst sind die Sterne so nah und der Sonnen-aufgang so rot (▸ S. 13)?

2 Ahnengedenktag Okahandja

Herero paradieren durch die Stadt und besuchen die Gräber ihrer Vorfahren (▸ S. 27).

3 Wanderung im Naukluft-Gebirge

Zwischen den schroffen, unwirtlichen Felswänden des Gebirges bilden die Fluss-läufe grüne Oasen (▸ S. 31).

4 Mit dem Gaffelschoner zu Pinguinen

Unter Segeln geht es hinaus zur Pinguininsel und zum Diaz Point (▸ S. 33).

5 Restaurant NICE, Windhoek

Das NICE in Windhoek ser-viert nicht nur vorzügliches Essen; auch das Design ist ein Genuss (▸ S. 45).

6 Namibia Crafts Center, Windhoek

In der ehemaligen Lagerhalle gibt es Tücher, Schnitzerei-en, Mobiles und vieles mehr (▸ S. 46).

9

7 Holzschnitzermärkte, Okahandja

Auf den Märkten gibt es originelle Mitbringsel, die wie die 2-Meter-Giraffen etwas unhandlich sein können (▸ S. 50).

8 Flying Fox am Rössingberg

Längste Seilabfahrt der Welt; mit 100 km/h geht es hinunter (▸ S. 87).

9 Neugierige Robben, Walvis Bay

Sekt trinken, Austern schlürfen – und dabei Robben streicheln und Pelikane füttern (▸ S. 89).

10 Zum Tee im Victoria Falls Hotel

Erstes Hotel an den Fällen; Wer was war, war hier, nippte am Tee und genoss den Ausblick (▸ S. 118).

2

7

Perfekt in die Landschaft eingepasst sind
die Chalets der Gondwana Cañon Lodge
(▶ S. 104), die ein idealer Ausgangsort für
einen Besuch am Fish River Canyon sind.

Zu Gast **in Namibia**

Wer die richtigen Plätze für Übernachtung, Restaurantbesuch oder ausgefallene Souvenirs, Feste, sportliche Aktivitäten oder abwechslungsreiche Ferien mit Kindern kennt, genießt die Reise umso mehr.

Übernachten
Ob Zeltplatz oder Luxuslodge, jeder Wunsch wird erfüllt, und überall ist für zwei Dinge gesorgt: größtmögliche Ruhe und eine grandiose Landschaft. Auch ein Lagerfeuer am Abend ist inbegriffen.

◄ Himmel über der Wüste: Blick von der Terrasse des Wolwedans Tented Camps (► S. 101) in die Namib.

Auch Reisende, die ungern planen, kommen in Namibia nicht umhin, die Übernachtung im Voraus zu buchen, denn die Unterkünfte sind zumeist klein und liegen weit voneinander entfernt. Meist ist Halbpension eingeschlossen, denn auf dem Land gibt es keine andere Verpflegungsmöglichkeit.

Die Unterkünfte in den Nationalparks und Schutzgebieten sind in staatlichem Besitz und werden **Rastlager** oder **Camps** genannt. Während der Ferienzeiten sind sie häufig besonders in den begehrten Parks belegt (Etosha, Kgalagadi, Sesriem, Naukluft), und eine frühzeitige Buchung ist angeraten. In den Rastlagern gibt es Bungalows und Zimmer unterschiedlicher Kategorien und Zeltplätze. Immer gehört zu Zimmer, Bungalow und Zeltplatz eine Feuerstelle mit Grilleinrichtung, Feuerholz wird verkauft. In einem Laden gibt es meist die Grundausstattung für einen gemütlichen Grillabend. Je nach Rastlager variieren die spätestmöglichen Ankunftszeiten (in Etosha z. B. werden die Rastlagertore bei Dämmerung geschlossen).

Zu den Unterkunftspreisen in den Rastlagern kommen noch die Eintrittspreise der jeweiligen Nationalparks für Personen und Autos hinzu. Die Rastlager sind auf der Website der **Namibia Wildlife Resorts** (www.nwr.com.na) beschrieben.

Zu Gast bei Freunden

Die klassische Unterkunft auf dem Lande ist die **Gästefarm**. Ursprünglich war es ein willkommenes Zubrot

MERIAN-Tipp **1**

EINE ZELTNACHT AN DER BLUTKUPPE ► S. 149, D 4

Einige Zeltplätze – besonders im Namib-Schutzgebiet – sind äußerst einfach gehalten, die Infrastruktur beschränkt sich auf ein Plumpsklo und eine Feuerstelle – alles (auch Wasser) ist mitzubringen. Hier kommt man her, um an unbeschränkte Einsamkeit zu genießen. Der nächste Zeltplatz befindet sich mehrere Kilometer entfernt. Abends wird gegrillt, der Sternenhimmel entdeckt und die gewaltige Landschaft genossen. Permit vom Ministry of Environment and Tourism, Swakopmund

für die Farmersfrau, ein oder zwei Zimmer zu vermieten. Nach und nach entwickelte sich aus der eher informellen Vermietung durch staatliche Auflagen (Mindestgröße, Lizenzierung des Alkoholausschankes etc.) eine eigene, professionelle Unterkunftssparte. Dies bedeutet aber nicht, dass die Gästefarmen ihren Reiz verloren hätten. Immer noch wird man als Gast in den Kreis der Familie aufgenommen und nimmt gemeinsam die Mahlzeiten ein. Und nichts wird der Farmer lieber tun, als auf einer Rundfahrt die Landwirtschaft in einer Halbwüste zu erklären und von deren Fährnissen zu berichten. Auch bieten zahlreiche Gästefarmen Campingmöglichkeit an, meist etwas abseits vom Hauptgebäude und für Selbstversorger. Die Gästefarmen werden in drei Sternekategorien eingeteilt, die aber nicht unbedingt aussagekräftig sein müssen – die »Ferien auf dem Bauernhof« leben letztendlich vom Charme der Gastgeber und deren Bereitschaft, den Gästen Land und Alltag näherzubringen. Da das Farmhaus häufig weit abseits der Straße tief im Farmgelände steht, ist auch hier eine Buchung angeraten, damit z. B. nicht gerade wegen Ruhetags die Tore geschlossen sind. Viele Farmen weisen mit einem Schild am Zufahrtstor darauf hin, dass die Einfahrt ohne Buchung verboten ist. Übrigens halten die meisten Farmer Mittagsruhe, zwischen 13 und 15 Uhr sollte man deshalb nicht ankommen. Die meisten Gästefarmen sind Mitglied der Vereinigung **Hospitality Association of Namibia** (www. hannamibia.com).

Übernachten in der Stadt

Wer noch günstiger übernachten möchte, wählt einen der **Bed & Breakfast**-Betriebe. Sie gibt es vereinzelt auch auf dem Lande (Abendessen manchmal auf Nachfrage), vermehrt aber in den Städten. Bei nur einem oder zwei vermieteten Zimmern ist ein persönlicher Kontakt fast immer garantiert. Die Organisation Accomodation Association of Namibia (www.accomodationassociation.com) listet ihre Mitglieder auf, die über diese Seite direkt zu kontaktieren sind.

Hotels und Pensionen sind den Städten vorbehalten. Sie bieten die gleichen Annehmlichkeiten wie in Europa, und ihre Klassifizierung mit einem bis fünf Sterne entspricht etwa der international üblichen. Fast immer ist ein Restaurant angeschlossen.

Camps und Lodges sind neben den Gästefarmen die Unterkünfte auf dem Lande. Sie können recht einfach, aber auch extrem luxuriös sein und sind von eher gemäßigter Größe (10–20 Doppelbetten). Camps bestehen aus simplen Hütten aus Reet, Holz oder groben Mauern mit einer Bettstatt oder aus einfachen Zelten mit Matratzen und einem zentral zusammengefassten Sanitärbereich (»ablution block«). Darüber hinaus gibt es für den Luxus und für den dafür zu zahlenden Preis keine Grenze. Man nächtigt in Bungalows mit Wohn- und Schlafzimmer und Privatpool an einem Berghang auf einer eigenen kleinen Insel, auf Stelzen über dem Wüstensand in absoluter Einsamkeit. Camps und Lodges liegen fast immer an besonders schönen Stellen und sind perfekt in die Landschaft eingepasst. Auf Privatsphäre wird viel Wert gelegt, und so sind die Abstände zwischen den einzelnen Zimmern und Zelten häufig recht großzügig gewählt. Einige Lodges nahe den landschaftlichen Höhepunkten des Landes entsprechen eher Hotels (wie um Sossusvlei, Etosha, Fish River oder Twyfelfontein).

Namibisches Programm

Gästefarmen und Lodges besucht man, um etwas zu erleben. Deshalb sollte man immer versuchen, spätestens um 16 Uhr anzukommen, denn dann bleibt noch ein bisschen Zeit, um sich frisch zu machen, bevor die Tierbeobachtungs- oder Farmrundfahrt beginnt.

Am nächsten Tag heißt es, beizeiten aufzustehen, um den morgendlichen Gamedrive nicht zu verpassen. Danach wird man sich erst am späten Vormittag zu seinem nächsten Tagesziel auf den Weg machen können.

Wer es luftig mag, ist mit einem der beliebten Dachzelte gut bedient. Abends sind sie schnell aufgeklappt, frische Luft und weite Ausblicke sind inklusive.

Wer einen ruhigeren Urlaub verleben möchte, bleibt besser zwei oder mehr Tage an einem Ort. Langweilig wird es dabei sicher nicht.

Die kostengünstigste Art zu reisen ist mit dem **Zelt**, wobei im südlichen Afrika das Autodachzelt ideal ist. Viele Mietwagenfirmen bieten unterschiedliche Fahrzeugversionen an mit der Option auf ein oder zwei Dachzelt(e). Am Abend wird das Zelt nur aufgeklappt und ist schlaffertig. Die Zeltplätze sind fast immer exklusiv gelegen, und zum Nachbar-Stellplatz ist ein gehöriger Abstand gegeben. Die Exklusivität hat ihren Preis: Alles Benötigte muss man mitführen, nur Holz und Wasser werden in der Regel zur Verfügung gestellt.

Menschen kennenlernen

Mehrere Entwicklungshilfeorganisationen unterstützen die lokale Bevölkerung durch Förderung des Tourismus auf Gemeindeland. Die jeweiligen Volksgruppen – Herero, Ovambo, San – managen Zeltplätze oder kleine Lodges, bewirten ihre Gäste mit ihren Spezialitäten, nehmen sie mit auf Pirsch oder zum rituellen Tanz. Abends sinkt man auf ein traditionelles Rastlager in einer Lehmhütte oder auch in das feine Bett einer Lodge – nirgendwo sonst bietet sich eine so entspannte Gelegenheit zum Kontakt mit der lokalen Bevölkerungsmehrheit.

The Living Culture Foundation, Pienaar Street 34, Windhoek • Tel 0 61/22 05 63 • www.lcfn.info

Empfehlenswerte Hotels und andere Unterkünfte finden Sie bei den Orten im Kapitel ▶ Unterwegs in Namibia.

Preise für ein Doppelzimmer mit Frühstück:

€€€€ ab 200 €	€€ ab 50 €
€€€ ab 100 €	€ bis 50 €

Essen und Trinken
Austern, Antilopen oder Schlachtplatte? Das Angebot deckt von innovativ bis bodenständig alles ab. Ein frisches Windhoek Lager oder beste südafrikanische Weine runden das Essen ab.

◄ Mit einem Sundowner macht das
Lagerfeuer doppelt so viel Spaß.

So vielfältig wie die Landschafts-
räume sind auch die namibischen
Esstraditionen: Während die Küs-
tenregion ganz im Zeichen von Fisch
und Schalentieren steht, beherrscht
im Binnenland Fleisch den Speise-
plan. Nicht nur das kalte, klare Wasser
des Atlantiks macht Austern, Hummer und Fische wie Red Snapper und
Kingklip so köstlich, ein wenig liegt's
auch daran, dass jeder, der etwas auf
sich hält, sie selbst aus dem Wasser
zieht. Schmackhaft sind auch die
Dinge, die das Binnenland hervor-
bringt: das Fleisch der Rinder, die in-
tensiv duftende Kräuter und Gräser
fressen, zarte Steaks von Antilopen
oder Zebras, Strauß oder Bratwurst
vom Grill, frittierte Mopanewürmer
oder Kürbis in vielerlei Form.

Auf offenem Feuer

Spricht man über das Essen in Namibia, muss man auch über das »wie«
sprechen, denn die **Veldkost** – die
Nahrung und die Art der Nahrungsbeschaffung und -zubereitung während einer Reise – besitzt eine lange
Tradition, die bei den nomadisieren-
den Volksgruppen ihren Anfang
nahm und von Händlern, Jägern und
Viehzüchtern fortgesetzt wurde: Sie
alle waren ständig unterwegs und
mussten sich im Veld mit Nahrung
versorgen. Man schoss einfach eine
Antilope und grillte sie über dem
Feuer. Daher stammt die Vorliebe
der Namibier für den Grill – heute,
da sie als Farmer sesshaft sind, muss
das Fleisch dafür natürlich gut abge-
hangen sein. Nur dann erlebt man je-
nes Grillereignis, das seinen wahren
Namen verdient: das »**Braai**«.

Eintopf aus dem Potjie

Das Feuer gibt an kalten Abenden
Wärme, auf dem Grill brutzelt das
Steak, und in der Glut steht der
Kochtopf, denn selbst dieser wurde
der Zubereitung der Veldkost angepasst. Er heißt »Potjie«, ist aus Guss-
eisen, steht auf drei kurzen Bein-
chen, hat einen Deckel und einen
Henkel, ist also ideal für das Kochen
auf dem heruntergebrannten Lagerfeuer. In ihn hinein kommt alles, was
die Umgebung hergibt, Fleisch
natürlich, Kürbis und Kräuter, vielleicht Kartoffeln und Kohl aus dem
Proviantbeutel, und bleibt dort für
Stunden. Unzählige Rezepte gibt es,
alles nur Erdenkliche wird zu einem
köstlichen Eintopf gegart, und mindestens einmal am Wochenende
wird der urnamibischen Familie
»Potjiekos«, Topfkost, auf den Tisch
gestellt. Das Antilopenfleisch eröffnet eine ganz neue Welt an Ge-
schmackssensationen, je nachdem,
ob man Kudu, Eland, Oryx oder
Springbock erhält. Zebra und Strauß
sorgen ebenso für ganz neue Er-
kenntnisse. Wobei das für das Grillen verwendete Hartholz mit seinen
herrlichen Aromen einen nicht un-
wesentlichen Anteil daran hat. Dessen Rauch ist auch eminent wichtig
für den Geschmack der perfekten,
sehr herzhaft gewürzten Bratwurst –
der »**Boerewors**«, Burenwurst.

Von Jägern und Sammlern

Dass Wildfleischverzehr nicht unabhängig von der Jagd gesehen werden
kann, ist naheliegend. Rinder sind
für Farmer Investitionsgüter; das
Wild auf dem Farmland hingegen
kostet ihn nichts.
Jeder Farmer geht in regelmäßigen
Abständen auf die Jagd, um für seine

Familie und die Farmangestellten die Speisekammer zu füllen. Nie würde er mehr als für den Eigenbedarf schießen, Jagd ist Nahrungsbeschaffung und die Trophäenjagd etwas für die Ausländer, der man durchaus kopfschüttelnd begegnet, wenn man sie auch als Einnahmequelle für das Land als notwendiges Übel sieht.

Kulinarische Exotik

Aus den Traditionen der lokalen Volksgruppen stammen folgende kulinarische Besonderheiten: Eine der exotischsten Speisen sind die **Mopanewürmer**, Raupen, die sich von den Blättern der gleichnamigen Bäume ernähren und im Norden des Landes gesammelt werden. Sie werden frittiert und erinnern ein wenig an würzige Pommes frites. Auch die Pilze, die Termitenhügeln entwachsen, sind nicht jedermanns Sache, doch in Butter für viele Menschen ein Hochgenuss.

Was aber, wenn weder ein Feuer noch ein Restaurant in der Nähe sind? Auch darauf weiß Namibia eine Antwort. Sie heißt »**Biltong**« und ist die ideale Unterwegsnahrung, der kleine Snack für zwischendurch. Das luftgetrocknete Fleisch ist nur in der Wüstenluft herstell- und haltbar. Es wird in handliche Stücke von ca. 2 cm Dicke geschnitten, mit einer in der Familie streng gehüteten Gewürzmischung eingerieben und zum Trocknen für mehrere Tage in den Schatten gehängt. Als Rohware dienen Rind, Zebra, Strauß und alle Antilopenarten. Ist es zur Hälfte oder vollständig durchgetrocknet (was jeder nach seinem Gusto entscheidet), wird das Biltong im Stück mit auf Reisen genommen. Zum Verzehr schneidet man es in Scheiben oder kleine Stücke und nascht sie ohne Beilage oder mit Chips, so zwischendurch oder abends zum Bier am Lagerfeuer.

Dass Namibia nicht das ideale Reiseland für **Vegetarier** ist, sollte nun klar geworden sein, dennoch muss man nicht verzweifeln. Die Farmküche und die Köche der Lodges sind in der Lage, aus den Pflanzen der Gemüsegärten ein entsprechendes Gericht zu schaffen. Durch die Nachbarschaft zu Südafrika und den dortigen starken Einfluss der Küchen Indiens und Malaysias haben auch die asiatischen Kochkünste und deren langjährige Tradition der fleischlosen Speisen Einzug in Namibia gehalten.

Bier nach Reinheitsgebot

Ein Braai, eine Potjiekos, das nackte Lagerfeuer ist nichts ohne **Bier**. Der namibische Gerstensaft ist nicht besser als der deutsche, aber auch nicht schlechter. Für Hansa Pilsener, Tafel und Windhoek Lager gilt auch das Reinheitsgebot.

Drei kleine **Weingüter** gibt es in Namibia, jedes produziert wenige Tausend Flaschen nicht schlechten, aber auch nicht vorzüglichen Weines. Dafür findet sich in den Supermärkten Namibias die breiteste Auswahl der besten Rebenlagen Südafrikas zu durchaus annehmbaren Preisen, und das umfassende Angebot nutzt der Südwestafrikaner nur allzu gerne und trinkt zum Essen traditionell Wein. Jeder Unterkunftsbetrieb hat eine Weinkarte, die sich mit europäischen Hotels messen kann.

Auch die **Fruchtsäfte** kommen aus Südafrika. Sie sind überaus lecker

Wer Tiere beobachten will, muss früh aufstehen und auf ein üppiges Frühstück verzichten. Dafür schmeckt es dann nach der Pirsch doppelt so gut.

und neben den gängigen Geschmacksrichtungen auch exotisch. Kinder lieben die aromatisierten und süßen Sprudelwasser »Appletizer« und »Grapetizer«.

Wer Hochprozentiges oder ein daraus gemixtes Getränk für den Sundowner bevorzugt, wird bei den südafrikanischen Schnäpsen Klipdrift, KWV (beides Brandys), Mainstay (Zuckerrohr) oder beim auch in Europa bekannten Amarula-Likör, der aus den Früchten des Marula-Baumes hergestellt wird, fündig.

Die meisten Restaurants sind mittags von 11.30 bis 13.30 und abends ab 18 Uhr geöffnet; am Sonntag bleiben viele Lokale geschlossen. Am besten informiert man sich telefonisch über die momentan geltenden Öffnungszeiten.

Empfehlenswerte Restaurants finden Sie bei den Orten im Kapitel ▶ **Unterwegs in Namibia.**

Preise für ein dreigängiges Menü:

€€€€ ab 35 €	€€ ab 5 €
€€€ ab 20 €	€ bis 5 €

grüner
reisen

Wer zu Hause umweltbewusst lebt, möchte dies vielleicht auch im Urlaub tun. Mit unseren Empfehlungen im Kapitel grüner reisen wollen wir Ihnen helfen, Ihre »grünen« Ideale an Ihrem Urlaubsort zu verwirklichen und Menschen zu unterstützen, denen ein verantwortungsvoller Umgang mit der Natur am Herzen liegt.

Namibia zeigt sich umweltbewusst ...

... und das nicht erst seit der grünen Welle aus »Übersee«, wie Namibier Europa nennen. Ohne Respekt vor der ökologischen Balance ihrer ariden Heimat hätten Viehzüchter, Farmer und Jäger nicht überleben können. Natürlich wurden auch in Namibia Fehler gemacht: Überweidung, unkontrollierter Abschuss von Wild, sorgloser Umgang mit Wasser haben die Ausbreitung der Wüste beschleunigt und manche Tierarten beinahe ausgerottet – doch diese Auswüchse wurden unterbunden. Eine Gefahr für das ökologische Gleichgewicht stellt heute der Tourismus dar: Lodges in unberührter Natur, der hohe Wasserverbrauch, das Einfliegen von Lebensmitteln belasten die Umwelt. Im Tourismus treten zudem die ethnisch-sozialen Probleme Namibias deutlich zutage: Kaum eine Lodge, Gästefarm oder Reiseagentur gehört einem Farbigen, der Bevölkerungsmehrheit begegnet der Reisende fast nur in Gestalt von Hilfskräften, von den Einnahmen aus den Safaris profitiert die lokale Bevölkerung kaum. Namibias Antwort auf diesen Missstand ist der Aufbau von Tourismusprojekten unter Einbeziehung der lokalen Bevölkerung.

ÜBERNACHTEN

Onkoshi Camp   ▸ S. 149, E 2

Das Luxuscamp der Namibia Wildlife Resorts im nordöstlichen Teil des Etosha National Park wurde fast ausschließlich aus natürlichen, vor Ort vorkommenden Materialien errichtet und gewinnt die benötigte Energie zu großen Teilen aus Solarzellen. Es liegt völlig einsam am Rande des Etosha National Park mit Blick auf die Salzpfanne. Die Bungalows und das Haupthaus ruhen auf Stelzen und sind durch Stege verbunden – die empfindsame Natur soll dadurch möglichst wenig gestört werden.

Das Camp kann nicht mit dem eigenen Fahrzeug angefahren werden; ein Shuttledienst bringt die Gäste von Namutoni zu diesem ebenso idyllischen wie komfortablen Vorposten.

Buchung über Namibia Wildlife Resorts NWR (▸ S. 47) • 15 Chalets • €€€€

P.A.W.S.   ▸ S. 149, E 3

Mit Gründung der »People And Wildlife Solutions« hat sich die im Schutz von Geparden und Leoparden seit Jahrzehnten engagierte Okonjima Lodge das Ziel gesetzt, die durch den Menschen gestörte Balance zwischen Tier und Natur wiederherzustellen. Verletzte oder verwaiste Raubkatzen werden auf der Farm gesund gepflegt und ausgewildert. Gäste erleben, untergebracht in luxuriösen, harmonisch in die Natur integrierten Unterkünften, den Zauber der Wildnis und lernen viel über die Herausforderungen des Tierschutzes in Namibia. Zur Unterstützung dieser Arbeit nimmt Okonjima auch Volontäre auf, die beim Reparieren von Zäunen und Wasserlöchern helfen und beim Verfolgen von Leopardenspuren, der Freilassung von Geparden, bei Walking Safaris und Wildfahrten Namibia hautnah erleben.

– Okonjima Lodge: ca. 72 km südwestl. von Otjiwarongo, Abzweig von der B1 • Tel. 067/68 70 32 • www.okonjima.com • 30 Zimmer in mehreren Camps, teils Luxuszelte, teils gemauerte Häuser • keine Kinder unter 8 Jahren • €€€ – €€€€

– P.A.W.S: www.pawsnamibia.org • Volontäre um 450 €/Woche inkl. Verpflegung

Grootberg Lodge   ▸ S. 148, C 2

Die wunderschöne Lodge liegt in einer von Damara gegründeten Conservancy, einem privat gemanagten Naturschutzgebiet, auf einem Hochplateau und ist das erste Unternehmen dieser Größe in Namibia, das vollständig von der lokalen Bevölkerung geführt wird. Mit finanzieller Hilfe der EU wurde das Projekt gestemmt; erfahrene Touristikmanager haben das Personal ausgebildet. Neben geführten Wanderungen bereichern Pferdesafaris das Angebot an Aktivitäten.

An der C40 von Kamanjab nach Palmwag bei km 90 • Tel. 0 61/24 67 88 • www.grootberg.com • 12 Zimmer • €€€

Namtib Biosphärenreservat
▸ S. 152, B 11

Farm Namtib liegt nicht nur in einer spektakulären Landschaft am Fuß der Tirasberge, sie ist zudem eine typisch namibische Gästefarm, in der großer Wert gelegt wird auf engen Kontakt zum Gast. Hier erleben die Besucher bei Gesprächen am Abendbrottisch, bei Farmrundfahrten und Wildniswanderungen, wie komplex die ökologischen Zusammenhänge im ariden Südnamibia sind, welche Konsequenzen menschliche Eingriffe oder Klima-

veränderung für die Natur haben, spannend und lebhaft vermittelt von der Gastgeberfamilie Theile.
An der D707, 100 km nordwestl. von Aus • Tel. 0 63/68 30 55 • www. namtib.net • 5 Zimmer, 5 Stellplätze • €€

EINKAUFEN

Die Öffnungszeiten der hier vorgestellten Projekte sind nicht festgelegt; wenn nicht geöffnet ist, kann man in der Umgebung jemanden finden, der die Verantwortlichen informiert und dafür sorgt, dass aufgesperrt wird.

Mashi & Sheshe Crafts
▶ S. 151, D 4/5

Mashi unweit von Kongola und Sheshe am Eingang zum Mamili-Nationalpark sind zwei von NACOBTA unterstützte Kunsthandwerkszentren. Hier können Besucher nach traditionellen Vorbildern gearbeitete Souvenirs einkaufen. Vor allem die Körbe mit ihren Mustern sind wunderschön.
Meist von 9 bis 17 Uhr geöffnet
– Mashi: an der B8 bei Kongola, etwa 110 km westlich von Katima Mulilo
– Sheshe: an der D3511

Onankali Paper Project
▶ S. 149, E 1

NACOBTA hat mehrere spannende Projekte im Ovamboland; eines sei hier stellvertretend vorgestellt: 13 Frauen stellen hochwertiges Papier aus Mahango (Rispenhirse) her. Mit bunten afrikanischen Motiven bedruckt, werden daraus attraktive Grußkarten, Briefpapier, Fotoalben und viele andere Mitbringsel, die es im angeschlossenen Curio Shop zu kaufen gibt.
An der B1, 55 km südöstl. von Ondangwa • meist von 9 bis 17 Uhr geöffnet

AKTIVITÄTEN

Face to Face Tours
▶ S. 149, E 4

NACOBTA-Projekte bewahren sowohl das ökologische wie auch das soziale Gleichgewicht: Es gibt einfache Camps im Damaraland, Townshiptouren durch Katutura, Wildniswanderungen mit den San ... mindestens ein NACOBTA-Projekt sollte auf einer Namibia-Rundreise Pflichtprogramm sein.
Die Guides des NACOBTA-Projekts Face to Face Tours führen die Reisenden in das Wohngebiet der meisten schwarzen und farbigen Windhoeker, in die Township Katutura. Dort besichtigt man den Markt, kehrt in einer traditionellen Shebeen-Kneipe ein und macht einen Stopp bei »Penduka«, wo bedürftige Frauen schöne Handarbeiten wie Decken und Bekleidung herstellen und verkaufen.
Windhoek • Tel. 0 61/26 54 46

Kunene Conservancy Safaris
▶ S. 148, B 1

Im nordwestlichen Namibia, dem nördlichen Damaraland und Kaokoveld, wurde die Verantwortung für den Naturschutz den lokalen Volksgruppen, hier Himba und Herero, übertragen. Auch das Safariunternehmen gehört ihnen, und so erleben die Mitreisenden auf ihrer Tour nicht nur spektakuläre Begegnungen mit Wüstenlöwen und -elefanten, sondern erfahren auch, welche Probleme der Schutz der Wildtiere für die Dörfer und Viehherden bedeutet und wie die Menschen heute damit umgehen. Denn der Löwe, der ein Kälbchen der Herde reißt, ist ja auch Kapital der Gemeinschaft, die an den Touristen verdient. Ein Abenteuer mit tiefen Einblicken, unbedingt empfehlenswert!
Swakopmund • Tel. 0 64/40 61 36 • www.kcs-namibia.com.na

Helle, natürliche Materialen und ein luftiges Ambiente zeichnen die auf einem Hochplateau gelegene Grootberg Lodge (▶ S. 21) aus.

Mule Trails Namibia

▶ S. 152, C 12

Der Fish River Canyon gehört zu den absoluten Highlights im Süden, doch die wenigsten haben die Kondition, ihn zu durchwandern. Mit »Mule Trails« ist dies nun wesentlich einfacher, denn Gepäck, Essen und Wasser tragen die Mulis, die den hier lebenden Nama gehören, welche für die Mithilfe bei den Touren fair entlohnt werden. Unterwegs begegnen den Wanderern Bergzebras, Klippspringer, Kudus, Springböcke und Strauße; übernachtet wird im Freien oder im Zelt.
Buchung über Gondwana Collection Namibia, Windhoek • Tel. 0 61/23 00 66 • www.gondwana-collection.com

Uakii Wilderness Survival

Das Safariunternehmen aus Gobabis wird von Herero geführt und hat viele interessante kulturelle Begegnungen im Programm. Einen Schwerpunkt bilden die San, mit denen Gäste auf Spurensuche gehen, jagen oder sogar an deren Trance-Tänzen teilnehmen können. Ungewöhnlich ist auch die Tour auf den Spuren der historischen Herero-Trecks durch die Omaheke-Wüste zum Waterberg, wo es 1904 zu der für das Volk so verhängnisvollen Schlacht mit der Schutztruppe kam.
Wer mehr darüber erfahren möchte, wie die Viehzucht auf kommunalem Land funktioniert, wie also Nama und Herero im Gegensatz zu den kommerziellen, zumeist weißen Farmern Viehwirtschaft betreiben, findet zu diesem Thema ebenfalls eine empfehlenswerte Tour.
Church Street Erf 62, P.O. Box 359, Gobabis • Tel. 0 62/56 47 43 • www.uakii.com

Einkaufen Geschnitztes, Besticktes und Bemaltes – Souvenirs sind zu einer wichtigen Einnahmequelle geworden. Und auch Namibias Bodenschätze, Mineralien, Halbedelsteine und Diamanten, sind begehrt.

◄ Schnitzereien sind beliebte Mitbringsel. Auf den Schnitzermärkten gibt es eine sehr große Auswahl.

Obwohl die meisten Volksgruppen Namibias traditionell kaum schnitzen, hat sich unter dem Einfluss der nördlichen Nachbarländer eine kunstfertige Holzschnitzerszene entwickelt. Ihre Arbeiten, meist gegenständliche, nur leicht abstrahierte Tierfiguren, werden in Städten wie Windhoek und Swakopmund auf den öffentlichen Plätzen verkauft. Die beiden größten Holzmärkte des Landes aber befinden sich in **Okahandja** (▸ MERIAN-Tipp, S. 50) an den beiden Hauptortseinfahrten. Wer abstrakte Holzkunst bevorzugt, muss nach **Omaruru** reisen, dem erklärten Künstlerort Namibias. Hier schnitzen im Zentrum **Tikoloshe Afrika** Künstler der Kavango-Region allerlei Einzigartiges aus Wurzelholz.

Dekorativ und praktisch

Kleine dekorative Mitbringsel sind mit dem Messer bearbeitete und bemalte, kastaniengroße Früchte der Makalanipalme an Halsbändern, Mobiles z. B. aus getrockneten Feldfrüchten und die bizarre Wurzel der Teufelskralle. Das Kunsthandwerk wird meist von Frauen in Kooperativen hergestellt. Perlhühner als Eierwärmer, Servietten und kräftig bunte Bettwäsche mit der Tierwelt des Landes bestickt sind empfehlenswerte Erinnerungsstücke. Für die kleinen und größeren Kunstwerke ist das **Namibia Crafts Center** (▸ MERIAN-Tipp, S. 46) in Windhoek eine gute Einkaufsadresse. Bett- und Tischwäsche erster Qualität, von Namafrauen hergestellt, ver-

kauft das Projekt **Anin** in seinem Laden in Windhoek, 78 Sam Nujoma Drive, Klein Windhoek (www.anin.com.na).

Glänzende Kostbarkeiten

Obwohl in Namibia Diamanten geschürft werden, liegen deren Preise nur minimal unter Weltmarktniveau. Stilgerecht kauft man sie im Laden der staatlichen **NAMDEB** in der versunkenen Diamantengräberstadt Kolmanskop bei Lüderitz. Mineraliensammler werden immer fündig. Namibia gilt als das Land mit dem breit gefächertsten Angebot an Halbedelsteinen. Mit dem Geologenhämmerchen kann man sich sogar selbst auf die Suche begeben. Wem das zu anstrengend ist, der wendet sich an **Henckert** in Karibib (▸ S. 81) und Swakopmund oder **Namibia Gem Stones** in Outjo, die neben vielen bunten Steinen als Kiloware auch beste und seltene Stücke verkaufen.

Namibia ist einer der Hauptlieferanten des Felles des Karakulschafes, das einst als Persianer, heute als Swakara (südwestafrikanisches) bzw. **Nakara** (namibisches Karakul) bekannt ist. Mit dem von Tierschützern initiierten Verschwinden des Fells aus der Mode brach die Zucht Namibias fast vollständig zusammen, erlebt aber heute eine Renaissance, und die Felle werden auch im Land wieder zu hochmodischen Kleidungsstücken verarbeitet.

Achtung: Auch in den größeren Städten schließen die meisten Geschäfte bereits um 17 Uhr!

Empfehlenswerte Geschäfte und Märkte finden Sie bei den Orten im Kapitel ▸ Unterwegs in Namibia.

Feste und Events
Oktoberfest, Karneval oder Ahnengedenktage: Namibias Feste, ganz gleich von welcher Volksgruppe gefeiert, bieten für jeden etwas und sind doch immer familiär und überschaubar.

◄ Nicht nur zum Ahnengedenktag in Okahandja (► MERIAN-Tipp, S. 27) tragen die Herero-Frauen ihre Tracht.

(► MERIAN-Tipp, S. 27)

APRIL
Karneval, Windhoek

Der Umzug in der Independence Avenue wird von Neugierigen flankiert. Narrenbekappte Herren und langbeinige Ehrengardistinnen werfen Bonbons. Etwas zwangloser und freudiger geht es dann bei Herren- und Büttenabend zu, bei Kostümball und auch beim Frühschoppen. Windhoek • www.skw.com.na/wika

JUNI/JULI
Namibian Annual Music Awards, Windhoek

Die jährlichen Music Awards werden im Sommer bekannt gegeben. www.nama.com.na

AUGUST
Kulturelle Woche, Windhoek

Studenten tanzen im Polytechnikum in traditionellen Kostümen, singen die Lieder ihrer Vorfahren, es wird gekocht und gefeiert.

Ahnengedenktag Okahandja
► MERIAN-Tipp, S. 27

► MERIAN-Tipp, S. 27

SEPTEMBER
Bank Windhoek Triennale, Windhoek

Die aus einer Kunstbiennale hervorgegangene und seit 2008 alle drei Jahre stattfindende Kunstausstellung vereint Arbeiten aufstrebender namibischer Künstler in der Windhoeker Nationalgalerie. Ausgelobt werden Preise in den drei Kategorien Eindimensional (Malerei), Zweidimensional (Bildhauerei) und Dreidimensional (digitale Kunst und Film).

/Ae//Gams Arts and Cultural Festival

Das Festival ist eine Bühne für Künstler aus dem ganzen Land, die hier ihre Talente unter Beweis stellen können, aber auch einen Überblick über die Vielfalt der Kulturen Namibias geben sollen. www.windhoekcc.org.na

Oktoberfest, Windhoek

An einem der beiden letzten Samstage im Oktober kommen im Sport Klub Dirndlträgerinnen und Männer in Krachledernen zum **Oktoberfest** zusammen.

DEZEMBER
Sanlam NBC Music Award, Windhoek

Der Sanlam NBC Music Award beschließt das Jahr. Neben der traditionellen Musik aller Volksgruppen werden auch Rap, Hip-Hop und Kwaito präsentiert. www.sanlamnbcawards.com

---

MERIAN-Tipp **2**

AHNENGEDENKTAG OKAHANDJA
► S. 149, E 4

► S. 149, E 4

Die Maherero-Herero erinnern an ihre Helden. Die Männer paradieren in Fantasieuniformen und galoppieren zu Pferde; die Frauen tragen ihre bunte viktorianische Tracht zur Schau. Schließlich ziehen die Herero zu den Gräbern ihrer Vorfahren, wo die Oberhäupter wichtige Reden halten, rituelle Opfer darbringen und ihre Untertanen segnen.
Erster Sonntag nach dem 23. August

Sport
Langeweile kommt bei Aktivitäten wie Heißluftballonfahren, Reiten oder Trekking garantiert nicht auf. Wagemutige können beim Fallschirmspringen und Sandsteinklettern ihren Adrenalinspiegel heben.

◄ Besonders eindrucksvoll ist der Namib Naukluft National Park (▸ S. 96) von einem Heißluftballon aus.

Bei aller Fitness sollte man sich einige Tage akklimatisieren, bevor man sich anstrengender sportlicher Betätigung wie z. B. Trekking zuwendet. Ebenso wichtig ist es, auf ausreichende Flüssigkeitszufuhr zu achten!

ANGELN

Der Atlantik mit seinem planktonreichen Benguelastrom, der die Küste Namibias entlang nach Norden zieht, ist ein Angel-Paradies. Besonders die wenigen **Angelplätze an der Skelettküste** ⭐ – bei Torra Bay und Terrace Bay – sind heiß begehrt. Kabeljau, Katzenkreuzwels und Brassen werden aus der Brandung gezogen. Entlang der West Coast Tourist Recreation Area gibt es Lodges, die sich auch um die Angelgenehmigung kümmern und bei Bedarf den Fang einfrieren.

BALLONFAHREN

Bei Swakopmund geht es zu früher Morgenstunde, wenn die Sonne sich gerade erhebt und die Farben noch am intensivsten strahlen, eindrucksvoll hinauf in den Himmel, und man schwebt mit Blick auf die Mondlandschaft, die Spitzkoppe und den Brandberg über die Namib. Nach der Landung gibt's ein kühles Glas Champagner (www.africanballoons.com). Bei Sossusvlei kann man ebenfalls Ballonfahren, nur sind die Preise hier wesentlich höher (www.balloon-safaris.com).

MIT BOOT UND KANU

Von **Walvis Bay** aus werden abwechslungsreiche Motorbootfahrten durch die Bucht unternommen, in Begleitung der Delfine, die die Bootstouristen durch ihre übermütigen Sprünge unterhalten. Robben wuchten sich an Bord, lassen sich füttern und streicheln. Zum Abschluss gibt's Sekt, Häppchen und Austern, frisch und so viel man will (www.levotours.com.). Wer es sportlicher liebt, nimmt mit Jeanne Meintjes das Kajak für eine Entdeckungsfahrt durch die ruhigen Wasser der Lagune von Walvis Bay (www.emkayak.iway.na). Am **Kunene**, dem Grenzfluss zu Angola, ist White Water Rafting angesagt (www.kuneneriverlodge.com), ebenso am **Sambesi** bei Victoria Falls (www.shearwatervictoriafalls.com). Am **Orange**, der Grenze zu Südafrika, geht es mehrtägig mehr oder weniger gemächlich mit dem Kanu flussabwärts (▸ S. 122).

GOLFEN

Wenn es auch mehrere Golfplätze im Lande gibt, werden doch nicht alle internationalen Anforderungen gerecht. Zwei Plätze jedoch sind durchaus auch im Rahmen von Wettbewerben gut bespielbar: Rossmund bei Swakopmund, einer der weltweit fünf 18-Loch-Wüstenplätze mit kompletter Begrünung (Tel. 0 64/40 56 44), und der 18-Loch-Platz in der Hauptstadt beim Flughafen, der Windhoek Golf and Country Club für alle Spielstärken.

PARAGLIDING UND FALLSCHIRMSPRINGEN

Die Gleiter und Springer sind in Swakopmund an der Küste zu finden, da hier die Aufwinde exzellent sind und die Meereshöhe längere Sprünge erlaubt. Paragliding ist in Namibia über-

Gute Kondition ist eine der Voraussetzungen für eine mehrtägige Wandertour in den Naukluft-Bergen (▶ MERIAN-Tipp, S. 31). Für weniger Geübte gibt es auch kürzere Trails.

aus anspruchsvoll, und man sollte sich fachkundig anleiten lassen, wenn man das Paragliding über Dünen mit starken Temperaturunterschieden und der daraus entstehenden heftigen Thermik nicht gewöhnt ist (www.paraglidingnamibia.com).

Das Aussteigen aus dem Flugzeug über der Wüste ist ein Erlebnis an sich. Springer und ungeschulte Gäste als Tandempassagiere am Schirm werden von der Fa. Ground Rush Adventures gerne empfangen (www.skydiveswakop.com).

QUADBIKES

Quadbikes hinterlassen in der Wüste Spuren, die nicht verwehen; deshalb sind sie nur in bestimmten Bereichen der Dünenwelt zwischen Swakop und Walvis geduldet. Wenn man alleine unterwegs ist, kann man schnell in den Dünen verloren gehen (www.namibiadesertexplorers.com).

REITEN

Viele Farmen und Lodges verleihen Pferde. Die ruhigen, zähen Tiere sind sehr genügsam – auch hinsichtlich der Fähigkeiten etwaiger Reiter, sodass selbst Anfänger einen Ritt durch den Busch unternehmen können. Natürlich gibt es ebenso Farmen, die anspruchsvollere Reiter ansprechen und mit diesen längere, auch mehrtägige Touren unternehmen. Spezialisiert auf ganztägige Ausflüge auf dem Rücken der berühmten südafrikanischen Basotho-Pferde hat sich die Farm Etusis (www.etusis.com). Durch die Dünen bei Swakopmund und die Mondlandschaft der Namib geht es mehrtägig mit Okakambe Trails (www.okakambe.iway.na). Touren für gute Reiter durch die Namib oder am Fish River organisiert die Namibia Horse Safari Company (www.namibia horsesafari.com).

SANDBOARDING

Wer hätte das gedacht: Unweit von Swakopmund geht's mit dem Board die Dünen hinunter. Mit seinen eigenen kostbaren Brettern sollte man dies nicht machen, aber es gibt hier ja welche zu leihen (www.alter-action.info). Bis auf 80 km/h beschleunigt man auf der Rutschpartie.

WANDERN, TREKKING UND BERGSTEIGEN

Fast jede Farm und Lodge hat einige Wege markiert, über die Gäste mal kürzer, mal länger wandern und die Landschaft erkunden können. Es gibt aber auch viel anspruchsvollere Wandermöglichkeiten, die einiges an Kondition und Trittsicherheit verlangen, die meisten in gebirgigen Gegenden. In den staatlichen Schutzgebieten sind sogar mehrtägige Touren ausgewiesen, die allerdings nur für wirklich fitte, gesunde und erfahrene Weitwanderer geeignet sind.

Nicht weniger anstrengend als eine Tour in der Naukluft ist die fünftägige Wanderung durch das Schutzgebiet Fish River Canyon (nur Mai bis September, 80 km). Als Belohnung für die Bewältigung der zweitgrößten Schlucht der Welt winkt das Bad in den heißen Quellen von Ai-Ais. Auf dem Waterberg stehen zwei viertägige Touren im Angebot, die eine geführt, die andere ungeführt (jeweils April bis November). Der geführte Ugab River Hiking Trail dauert drei Tage (April bis Oktober, 50 km) und führt entlang des Trockenflusses an der Skelettküste. Anmeldungen für die Wanderungen in den Parks sollten lange vorher über Namibia Wildlife Resorts (www.nwr.com.na) vorgenommen werden.

Mehrtägige Wandertouren bieten auch private Veranstalter an: Im Gondwana Canyon Park werden z. B. 3-tägige Wanderungen durch den Fish River Canyon organisiert, bei denen Maultiere das Gepäck der Wanderer tragen (▸ S. 23).

Auch Namibia hat seine Klettergebiete, wenngleich der Sport dort noch recht jung ist. Besonders hervorgehoben werden von den Freeclimbern das Erongogebirge auf der Farm Ameib (www.natron.net/tour/ameib) und der Farm Omandumba (www.omandumba.de) die Große Spitzkoppe, die Tirasberge mit der Farm Koiimasis (www.tirasberge.de) und die Blutkuppe in der Namib. Eine Gipfelübersicht ist auf http://db-sandsteinklettern.gipfelbuch.de einsehbar. Mit Seilen und Klemmgeräten geht es auf der Farm Etusis bei Karibib nach oben (www.etusis.com).

MERIAN-Tipp   3

WANDERUNG IM NAUKLUFT-GEBIRGE   ▸ S. 152, B 9

Perfekt markierte, wunderschöne mehrstündige Wanderungen in den grün bewachsenen Schluchten des Naukluft-Gebirges kann man auf dem Gelände der Farm BuellsPort unternehmen (▸ S. 96). Wer es länger liebt, wandert zwischen dem 1. März und Oktober in vier oder acht Tagen (60 bzw. 120 km) durch den Nationalpark Naukluft. Alles bis auf Wasser ist mitzunehmen; eine Gruppe muss aus mindestens drei und maximal zwölf Personen bestehen (Anmeldung über NWR (▸ S. 47).

Familientipps Vom Bootsausflug über Wühlen in Halbedelsteinen bis zur Löwenfütterung gibt es noch eine Menge mehr für die Kleineren der Reisegruppe, die in Namibia stets im Mittelpunkt stehen.

◄ Mit dem Board die Dünen hinunter-sausen (► S. 33) macht Kindern Spaß.

Ali Babas Schatzhöhle

Ganze Tröge voller kunterbunter Halbedelsteine wollen durchwühlt und erforscht sein; die Kinder können hier nach Herzenslust zugreifen und auswählen, denn die Steine werden nach Gewicht verkauft, und ein Kilo kostet selten mehr als 100 N$.
Henckert Tourist Center • www.henckert.com
Karibib, Hauptstraße   ► S. 149, D 4
Swakopmund, Sam Nujoma Ave. 39
► S. 83, b 3

Aquarium   ► S. 83, a 4

Im modernen Aquarium in Swakopmund ziehen die Bewohner des Atlantiks ihre Kreise; durch das Hauptbecken führt ein gläserner Tunnel, so ist man mittendrin zwischen Kabeljaus, Stachelrochen und Brassen. Spannend wird's, wenn Taucher ins Hauptbecken klettern, um die mächtigen Haie zu füttern.
Swakopmund, Strand Street • Tel. 0 64/4 10 10 00 • Di–So 10–16, Fütterung Di, Sa, So 15 Uhr • Wiedereröffnung 2012 nach Renovierung

Dinosaur Footprints

► Unterwegs in Namibia, S. 57

Dünenrutschen   ► S. 152, B 10

Vor Sonnenaufgang aufstehen, Auto fahren und zum Schluss auch noch ein Stück zu Fuß laufen – da mag mancher Sprössling protestieren! Aber nicht, wenn die Eltern ihm folgendes Abenteuer versprechen: Mitten in der ältesten Wüste der Welt klettern wir auf eine 350 m hohe Düne, setzen uns oben auf den Hosenboden und rutschen die steile Dü-nenflanke hinunter. Der Riesenspaß am Sossusvlei endet meist mit ziemlich viel Sand in Schuhen und Hosentaschen.
Sossusvlei im Namib Naukluft-Park
► S. 97

Löwenfütterung   ► S. 149, E 4

Die Löwenfütterung auf Farm Okapuka 30 km nördlich von Windhoek an der B1 ist ein Spektakel für ältere Kinder, denn der Moment, in dem sich die Löwen auf die Fleischbrocken stürzen und sich gegenseitig klarmachen, wer das Sagen hat, ist ganz schön aufregend.
Okapuka Ranch • Tel. 0 61/23 46 07 • www.okapuka-ranch.com • tgl. um 17.30 Uhr (Reservierung erforderlich) • Eintritt 80 N$, Kinder 40 N$

Robben in Walvis Bay

► MERIAN-Tipp, S. 89

👫 Weitere Familientipps sind durch dieses Symbol gekennzeichnet.

MERIAN-Tipp   4

MIT DEM GAFFELSCHONER ZU PINGUINEN   ► S. 152, B 11

In Lüderitz fährt der Gaffelschoner Sedina hinaus zu den vorgelagerten Inseln, die Penguin Island oder Seal Island heißen. Delfine spielen in der Heckwelle, und schließlich erreicht man die Pinguinkolonie im Meer. Dicht an dicht stehen sie und mustern die Besucher genauso interessiert wie diese die possierlichen Tierchen.
Lüderitz, Lüderitz Safaris & Tours • Tel. 0 63/20 27 19

Die Sterndünen von Sossusvlei (▶ S. 97) sind vor allem in den Morgenstunden durch die Schattenspiele besonders attraktiv.

Unterwegs
in Namibia

Von der Kalahari zum Atlantik, durch Wüsten zu satt-
grünen Ufern. Immer sind wilde Tiere allgegenwärtig,
und urtümliche Landschaften begleiten den Reisenden.

Windhoek und der Osten

Eine schmucke, moderne Hauptstadt mit sanftem afrikanischen Rhythmus und die faszinierende Magie der Kalahari
bilden die beiden Highlights in Zentralnamibia.

◀ Die Christuskirche (▶ S. 38) gilt als Wahrzeichen Windhoeks.

Frühmorgens, wenn die Sonne ihr Licht über den Horizont schiebt, schweben die Flieger aus Übersee ein, gehen tiefer, die braunen Ebenen werden konkreter, die Farbe der Landschaft zerfällt in immer mehr Schattierungen. Mit dem Taxi geht's nach der Landung die 40 km vom Flughafen in die Stadt, vorbei an Farmen. Paviane gucken unbeeindruckt den Autos nach, eine Antilope flüchtet in den Busch, und die Straße windet sich durch die ersten Berge. Die Luft ist klar und frisch, der Himmel überspannt kristallblau das Hochland. Dann ist die Hauptstadt erreicht, Ampeln steuern den Verkehr, Glasfassaden spiegeln geschäftige Passanten, Windhoek erwacht.

Östlich der Hauptstadt breiten sich die vom roten Sand geprägten Landschaften der Kalahari aus – Cattle Country. Die Farmen liegen abseits der Haupttouristenströme am Wegesrand des Transkalahari Highway von der Küste nach Botswana und weiter über Johannesburg nach Maputo am Indischen Ozean. Schwerlastverkehr donnert über den Asphalt, doch sobald man den Highway verlässt, gelangt man unmittelbar in eine ländliche Umgebung, deren Landschaft geprägt ist von gleichförmigen rötlichen Sandrippen bis zum Horizont, von winzigen Ortschaften und Gästefarmen, die nicht nur Landwirtschaft zu bieten haben. Hier liegt das Herz der Karakulzucht und der Verarbeitung dieser widerstandsfähigen Wolle. Künstler weben sie zu wunderschönen Teppichen mit Motiven aus der Tierwelt oder mit abstrakten Mustern.

Der Norden

Der Westen

Windhoek und der Osten

Der Süden

Windhoek   ▶ S. 149, E 4

350 000 Einwohner

Stadtplan ▶ Klappe vorne

Windhoek ist das kulturelle und administrative Zentrum des Landes. Hier laufen alle Fäden zusammen, hier wird Politik gemacht, eingekauft, verkauft, die Stadt ist die Nachrichtenbörse für die Menschen, die draußen auf dem Lande leben. Windhoek hat seinen Ursprung in einer Siedlung an einer heißen Quelle – Otjomuise/Rauchplatz – und erhielt seinen Namen 1890 vom Kolonialgouverneur Curt von François, der den Afrikaans-Namen Winterhoek in Windhuk eindeutschte. Windhoek liegt im Khomas Hochland auf einer durchschnittlichen Höhe von 1600 bis 1700 m, eingerahmt von den Gebirgszügen der Erosberge im Osten und der Auasberge im Süden, die bis zu 2000 m Höhe erreichen. Nach Norden und Westen begrenzen die Hügel des Khomas-Hochlands die Stadt. Die Höhe macht das Klima relativ ausgeglichen, auch wenn das Thermometer im Sommer auf weit über 30 °C steigt. Und die Höhe sorgt auch dafür, dass die Geißel Afrikas, die Malaria, keine Rolle spielt. Regenzeit ist von Januar bis März, doch nicht immer sind die Niederschläge ergiebig, und der Himmel ist auch dann nur wenige Stunden am Tag bedeckt. Im Jahr fallen durchschnittlich nur 360 mm Regen.

Herz der Stadt ist die Independence Avenue mit ihren Hochhäusern, die einzige Skyline des Landes. Um sie herum klettern die Wohnviertel an den Hängen der umgebenden Berge empor. Es sind Parzellen mit hübschen Häuschen in Gärten, die zentrumsnah an den mäandernden Straßen liegen. Ein Erbe der Apartheidpolitik ist die immer noch bestehende Trennung der Wohngebiete in Weiß und Farbig, in Reich und Arm. Immer noch gibt es die Viertel, denen man nur allzu deutlich ansieht, dass ihre Bewohner die Unterprivilegierten waren und sind. Katutura zum Beispiel – »der Ort, an dem wir nicht bleiben wollen« – entstand erst 1959. Hierher mussten alle schwarzen Bewohner Windhoeks ziehen. Erst nach und nach werden die alten Strukturen gesprengt, und vereinzelt wohnen nun Schwarze in den einst den Weißen vorbehaltenen Vierteln wie Klein Windhoek oder Eros. Mit der Unabhängigkeit und der Möglichkeit der freien Wohnortwahl ist die Stadt explodiert, die Landflucht ist ungebrochen. Die politisch unruhigen Nachbarländer sorgen mit dafür, dass immer mehr Arbeitsuchende in die Randlagen von Windhoek ziehen und sich aus Pappe und Planen kleine Behausungen errichten. So breitet sich die Stadt aus, und die Administration tut ihr Bestes, um mit infrastrukturellen Maßnahmen wie Straßenbau, Strom- und Wasseranschlüssen den Neubürgern ein menschenwürdiges Wohnen zu ermöglichen.

In der Independence Avenue, den Fußgängerzonen und vielen Parks herrscht reges Treiben, aber nur tagsüber und wochentags hat Windhoek das Flair einer Metropole. Nach Geschäftsschluss und am Sonntag zieht sich alles nach Hause zurück, dann sind die Straßen und Einkaufszentren verwaist. Wer etwas unternehmen will, führt seine Hunde auf einen Spaziergang zum Avis-Stausee östlich von Klein Windhoek oder fährt zu den Naturparks in der näheren Umgebung wie Daan Viljoen oder zum Bootsfahren oder Angeln auf dem Stausee am Oanob Dam.

SEHENSWERTES

Christuskirche ▸ Klappe vorne, d 3

Nach drei Jahren Bauzeit wurde die Christuskirche 1910 als eine von drei Schwesternkirchen (die anderen beiden entstanden in Tsing-Tao und Daressalam) geweiht. Für den Jugendstilbau mit seinem 42 m hohen Turm wurden die Baumaterialien wie der Carraramarmor für das Portal per Schiff aus Europa gebracht, die Transportkosten verschlangen 20 % der Gesamtkosten von 360 000 Mark. Die bleiverglasten Fenster des Altarraumes stiftete Wilhelm II. An der Seitenempore befindet sich die Kopie eines Rubensgemäldes (Auferweckung des Lazarus), die 1913 entstand.

12 Fidel Castro Street • Mo–Fr 7
13 Uhr, Schlüssel bei der Gemeindeverwaltung, Sonntagvormittag Gottesdienst

Katutura ▸ Klappe vorne, nördl. b 1

Die Township der schwarzen und farbigen Windhoeker im nördlichen Stadtgebiet wurde 1959 von der südafrikanischen Administration eingerichtet und die bis dahin im Stadtgebiet lebenden Farbigen dorthin

Das umstrittene Reiterdenkmal, (▶ S. 40), umgangssprachlich »Südwester Reiter« genannt, steht nach längeren Diskussionen nun vor der weißen Alten Feste.

zwangsumgesiedelt. Die Menschen lebten – und leben – in normierten Häuschen nach Ethnien getrennt. Heute besitzt der Stadtteil Kanalisation, Straßenbeleuchtung und Wasser und ist durch den Zuzug von Landflüchtigen und Flüchtlingen des Bürgerkriegs in Angola weit über seine ursprüngliche Größe hinausgewachsen. Eine Besichtigung der Wohngebiete, des lebhaften afrikanischen Marktes und des engagierten »Katutura Community Arts Centre« zeigt das »afrikanische« Gesicht Windhoeks. Man sollte sie keinesfalls auf eigene Faust unternehmen und sich dazu unbedingt einer Reisegruppe anschließen. Empfehlenswert ist Katutura Face to Face Tours (▶ S. 22), zu buchen über Tel. 0 61/ 26 54 46.

Penduka

▶ Klappe vorne, nordwestl. a 1

Am Goreangab Dam, dort wo ehemals der Windhoeker Yachtclub beheimatet war, ist heute das Projekt Penduka – »Wach auf!« – untergebracht. Hier haben bedürftige Frauen die Möglichkeit erhalten, ihren Lebensunterhalt mit der selbst verwalteten Produktion von Kunsthandwerk zu bestreiten. Bei der Herstellung der Näh- und Stickarbeiten darf man zusehen, auf der Terrasse gibt's Kaffee und Kuchen, bei vorausgegangener Anmeldung auch typisch afrikanische Gerichte. Die Kleider, Decken und Haushaltswaren werden im angeschlossenen Crafts Shop verkauft. Bei der Fahrt hinaus zum Damm, der immerhin ein Drittel Windhoeks mit Wasser versorgt, erhält man einen ersten Eindruck vom Leben in Katutura.

Goreangab Dam (Shuttle-Service Tel. 0 61/25 72 10) • www.penduka. com• tgl. 9–17 Uhr

Reiterdenkmal ▸ Klappe vorne, d 4

Am 27. Januar 1912 – Kaisergeburtstag – wurde das vom Berliner Künstler Adolf Kürle geschaffene Monument enthüllt. Das heute umstrittenste Denkmal Namibias ist den Soldaten und Bürgern gewidmet, die 1903 bis 1907 bei den Feldzügen gegen die Herero und die Nama verstorben sind. Die in diesen Kriegen gefallenen Einheimischen wurden hier keines Wortes gewürdigt; seit einigen Jahren gab es deshalb ein von deutschstämmigen Bürgern und der evangelischen Gemeinde vorangetriebenes Projekt, auch dieser Opfer mit einer Inschrift zu gedenken. Die Stadtverwaltung wiederum favorisierte die Umsiedlung des Denkmals an eine weniger exponierte Stelle oder gar dessen Abriss. Letztendlich wurde der Südwester Reiter, wie er im Volksmund heißt, Mitte 2009 abgebaut und an seinen neuen Standort vor der Alten Feste versetzt. Seit

März 2010 darf der Reiter dort wieder vor dem Sonnenuntergang eine fotogene Figur machen.

Robert Mugabe Avenue

Tintenpalast ▸ Klappe vorne, d 3

Inmitten eines mit Palmen bestandenen Parks erhebt sich die elegante Fassade des ehemaligen Regierungspalastes von Deutsch-Südwest. Schon damals war der Volksmund überaus treffend bei seiner Namensgebung und verlieh dem Gebäude im wilhelminischen Verandastil seinen Namen, um den »Tintenklecksern« unter den Beamten eins auszuwischen. Der Baustil, so stimmig er sich heute zeigt, entstand aus der Notwendigkeit, mit Durchlüftung und Abschattung der Räume für ein kühles Inneres zu sorgen. Bezogen wurde der Tintenpalast 1912. Hier wurde 1990 die Verfassung des unabhängigen Namibia ausgearbeitet. Heute tagt darin die Nationalversammlung.

Oberhalb der Robert Mugabe Avenue

MUSEEN

Alte Feste ▸ Klappe vorne, d 4

1890 ließ der Gouverneur Curt von François die heute grellweiß über Windhoek wachende Festung als Sitz für seine Schutztruppe und in der Funktion einer Zwingburg gegen die Herero errichten. Vier Türme und eine fensterlose Außenmauer sorgten für Abschreckung, doch wurde die Alte Feste nie berannt, und bald ließ man ihre Fassade gefälliger gestalten, die Veranden kamen hinzu, und zwischen den Weltkriegen diente sie als Schule. Die historische Abteilung des Nationalmuseums übernahm die Alte Feste 1962 und beleuchtet heute die Kulturgeschichte und die Wechselwirkung

afrikanischer und europäischer Einflüsse. Eine Unterabteilung zeigt Stücke aus der Zeit, als Namibia unter UN-Aufsicht unabhängig wurde (Ende der 1980er-Jahre).
Robert Mugabe Avenue • Sommer tgl. 9–18, Winter bis 17 Uhr • Eintritt frei

Independence Museum

▸ Klappe vorne, d 4

Wann das derzeit noch im Bau befindliche Museum seine Pforten öffnen wird, ist zur Zeit noch ungewiss.
Robert Mugabe Avenue

National Art Gallery

▸ Klappe vorne, d 2

Bereits 1947 wurde das Museum des modernen Kunstschaffens gegründet. Heute präsentiert es zeitgenössische Werke aus Namibia und Südafrika, mit Schwerpunkt auf »vernachlässigter«, also afrikanischer Kunst. Prägend sind die Arbeiten des 1987 verstorbenen namibischen Malers John Muafangejo, dessen expressionistische Linolschnitte heute von vielen jungen Künstlern imitiert und in Windhoeks Post Street Mall verkauft werden.
John Meinert Street • Mo–Fr 8–17, Sa 9–14, So 10.30–15 Uhr • Eintritt So 20 N$, sonst frei

Owela Museum

▸ Klappe vorne, d 3

Das Staatsmuseum stellt in einer geschickt und interessant konzipierten Ausstellung mit zahlreichen Bildtafeln und liebevoll arrangierten Dioramen die Landesnatur und Kultur Namibias vor. Empfehlenswert ist besonders auch die geologische Abteilung, da sie auf die zahlreichen Einblicke in die Erdgeschichte vorbereitet, die man auf einer Reise

durchs Land gewinnt. Etwas seltsam mögen die Schaukästen mit den Menschen unterschiedlicher Volksgruppen des Landes auf den Betrachter wirken, die Schulklassen, die an ihnen vorbeigeführt werden, finden es toll.
Robert Mugabe Avenue/Lüderitz Street • Sommer Mo–Fr 9–18, Sa und So 10–13 und 14–18, Winter bis 17 Uhr • Eintritt frei

TransNamib Museum

▸ Klappe vorne, c 2

Das Eisenbahnmuseum ist eher nicht für Lokomotivbegeisterte geeignet. Nur vor dem Bahnhof stehen Exemplare der Schmalspurloks. Die älteste, ein winziges Gerät, fuhr im Doppelpack, zu schwach war die einfache Leistung auf den Wegen ins Hochland. Im Museum wurde auf Privatinitiative alles zusammengetragen, was mit den Schienenwegen nicht nur zur Kolonialzeit zu tun hat. Uniformen und zahlreiche Bilder, Postkarten und Plakate lassen die Geschichte der letzten 100 Jahre aufleben. Die Bahn begann ihren Siegeszug nach der Rinderpest von 1896, die den Transport mit Ochsenkarren zum Erliegen brachte.
Bahnhof Street • Mo–Fr 8–13 und 14–17 Uhr • Eintritt 5 N$

SPAZIERGANG

Karte ▸ Klappe vorne

Eine Besichtigung der Stadt ist gut zu Fuß zu machen. Die Museen mögen kein Weltstadtniveau erreichen, doch deshalb ist man auch nicht hier. Sie geben einen Überblick über die Geschichte des Landes, über Natur und Kultur. Steingewordene Vergangenheit sind die zahlreichen Denkmäler, die große und kleine Geschichten erzählen. An die deutsche Kolonialzeit erinnert noch das eine oder andere Gebäude mit luftiger Veranda und wilhelminischem Gepräge. Ein oder zwei Tage sollten für eine Akklimatisierung, die Vorbereitung der Reise durch Namibia und eine intensive Erkundung von Windhoek ausreichen. Wer Plätze außerhalb des Zentrums besuchen will, ist auf ein eigenes Fahrzeug oder ein Taxi angewiesen; öffentliche Verkehrsmittel gibt es nicht.

Ein guter Startpunkt für einen Spaziergang ist der **Bahnhof** aus deutschkolonialer Zeit mit einigen musealen Schienenfahrzeugen auf dem Vorplatz und dem **TransNamib Museum** zur Geschichte der Eisenbahn. An der Independence Avenue – der früheren Kaiserstraße – angelangt, steht Ecke Lüderitz Street die ehemalige **Kaiserliche Landvermessung**, Ausgangspunkt jeglicher kolonialer Landnahme, und gegenüber das **Kudu-Denkmal**, Erinnerung an die große Rinderpest von 1896, die auch zahlreiches Wild tötete. Nach links in die John Meinert Street, hier zeigt die National Art Gallery moderne Kunst aus dem südlichen Afrika. Folgt man der schräg abzweigenden Lüderitz Street, kommt man zum **Owela Museum**. Geht man die Independence Avenue weiter, gelangt man zu einem markanten Uhrenturm. Hier befindet sich der Eingang zur **Post Street Mall**, eine der Haupteinkaufszonen mit einer Kunstinstallation aus den Resten eines bei Gibeon in Südnamibia niedergegangenen Meteoriten-Regens und zahlreichen Ständen mit Souvenirs und Kunsthandwerk. Gegenüber der Mall breitet sich der **Zoo-Park**, tagsüber von den Städtern gern für ein Schläfchen genutzt, mit dem beliebten Café Balalaika aus.

Die Reste eines bei Gibeon in Südnamibia niedergegangenen Meteoritenregens zieren heute diese Kunstinstallation in Windhoeks Post Street Mall (▶ S. 42).

Das Kolonialdenkmal **Witbooi-Memorial** trägt die Namen deutscher Gefallener. Das Amphitheater wird für Veranstaltungen genutzt. Ein Stück weiter ist das einzige intakte Ensemble dreier Gebäude aus Windhoeks Kolonialzeit zu sehen, Kronprinzen- und **Gathemann Haus** und das Genossenschaftshaus. Noch vor dem weithin sichtbaren Hotel Kalahari Sands geht es nun nach Osten ab und die Fidel Castro Street steil hinauf zur **Christuskirche.** Hinter ihr öffnet sich der Park mit dem prächtigsten Kolonialgebäude der Stadt, dem **Tintenpalast** – einst und heute der Hauptsitz der Verwaltung. Ein Stück südlich blitzen die weißen Mauern der **Alten Feste.** Der deutsche Wehrbau dient heute als Museum. Davor thront der Südwester Reiter auf seinem Steinpodest – das **Reiterdenkmal.** Daneben ragt postmodern das Independence Museum in den Himmel. Von der Festung aus hat man einen guten Überblick und erkennt südlich die markanten Fassaden dreier Burgen: **Heinitzburg, Schwerinsburg** und **Sanderburg,** alle drei aus der Zeit vor dem Ersten Weltkrieg. Nur die Heinitzburg kann man besichtigen, als Hotelgast oder Besucher des Restaurants. Seinen Ausklang findet der Spaziergang am **Ausspannplatz,** dem Ende der Independence Avenue. Hier wurden früher die Ochsenwagen ausgespannt, die den Baaiweg entlang die in Swakopmund per Schiff angelandeten Waren in die Hauptstadt brachten.
Dauer: 2–3 Stunden

ÜBERNACHTEN

Ob Hotels, Pensionen oder Privatzimmer, im Zentrum ist alles zu finden. Nur die Zeltplätze liegen etwas außerhalb. Wer seine Unterkunft im Voraus bucht, kann die Abholung vom recht weit außerhalb liegenden Flughafen organisieren lassen. Wer ein Fahrzeug gemietet hat, kann dieses meist schon am Flughafen in Empfang nehmen. Da die Flugzeuge aus Europa normalerweise frühmorgens landen, sind des Öfteren die Zimmer noch nicht vorbereitet.

Hotel Heinitzburg
▶ Klappe vorne, e 4

Romantik und Komfort • Luxus in einer Kolonialvilla des beginnenden 20. Jh. Aller Komfort mit Pool, Terrassen und ausgesucht eingerichteten Zimmern teils im Burgstil. Beliebte Adresse hochrangiger deutscher Politiker.
22 Heinitzburg Street • Tel. 0 61/ 24 95 97 • www.heinitzburg.com • 16 Zimmer • €€€€

Hotel Kalahari Sands
▶ Klappe vorne, c 4

Im Herzen der Stadt • Schon immer das Luxushotel im Zentrum, in einem Hochhaus mit angeschlossenem Kasino und einem Wellness-Bereich mit Pool auf dem Dach. Die Zimmer abseits der Straße sind ruhiger und erstrahlen im Sonnenuntergang. Restaurant mit empfehlenswertem Büfett, im Untergeschoss zahlreiche Läden.
129 Independence Avenue • Tel. 0 61/2 80 00 00 • www.suninternational.de • 173 Zimmer und Suiten • €€€€

Hotel Safari Court/Safari Hotel
▶ Klappe vorne, südl. c 6

Modern und funktional • Die großzügige, aus einem Drei- und einem Vier-Sterne-Haus bestehende Anla-

Das Restaurant NICE (▶ MERIAN-Tipp, S. 45) in Windhoek zeichnet sich durch eine anspruchsvolle Küche und gute Weine aus. Hier wird gut gekocht und fein angerichtet.

ge mit Schwimmbad und Garten liegt etwas außerhalb im Süden des Zentrums, kostenloser Shuttle-Service. Für Reisegruppen und etwas anonym, ideal als Zwischenstopp. Avation Road/Eros Airport • Tel. 0 61/2 96 80 00 • www.safarihotels namibia. com • 415 Zimmer und Suiten • €€€–€€€€

Hotel-Pension Onganga
▶ Klappe vorne, östl. f 4

Persönlich und individuell • Hübsche Anlage mit geschickt positionierten Zimmern an einem Berghang, Pool, Restaurant, geschmackvoll eingerichtete Zimmer und Gastgeber, die immer gerne mit Rat und Tat zur Seite stehen. Gute Wahl für entspannte Tage im Hotel. 11 Schuckmann Street/Klein Windhoek • Tel. 0 61/24 17 01 • www. onganga.com • 10 Zimmer • €€

Kubata City Hotel
▶ Klappe vorne, e 1

Entspannt und citynah • Moderne, komfortable Zimmer unterschiedlicher Größe mit unterschiedlichen Standards, etwas abseits vom Zentrum. Im Hazienda-Stil um den Innenhof mit Pool angeordnet, neben einem portugiesischen Restaurant. 151 Nelson Mandela Avenue • Tel. 0 61/22 46 08 • www.kubata.com. na • 20 Zimmer • €€

Arebbusch Travel Lodge
▶ Klappe vorne, südl. c 6

Einfach und sicher • Stadtnächste Möglichkeit für sicheres Campen, südlich des Zentrums, sauberer Platz mit gepflegten Sanitäranlagen, kein Schatten. Restaurant, Wachdienst, auch Zimmer. B1 (6 km vom Zentrum Richtung Rehoboth) • Tel. 0 61/25 22 55 •

www.arebbusch.com • 26 Chalets, 52 Zimmer • €

Kashima Bed & Breakfast
▸ Klappe vorne, b 4

Herzlicher Empfang • Charmante Unterkunft in einem Garten mit Pool und Parkmöglichkeit, das Zentrum ist zu Fuß gut zu erreichen. Möglichkeit, den Grillplatz zu benutzen, persönliche Betreuung und viele gute praktische Ratschläge für Reisen durch Namibia.
1 Chopin Street • Tel. 0 61/25 72 54 • www.kashima-namibia.com • 3 Zimmer • €

ESSEN UND TRINKEN
Leo's at the Castle
▸ Klappe vorne, e 4

Gourmet-Treff • Elegantes Ambiente hinter großen Glasflächen mit Blick auf die Silhouette Windhoeks vor der untergehenden Sonne. Das Restaurant rühmt sich eines erstklassigen Weinkellers.
22 Heinitzburg Street • Tel. 0 61/24 95 97 • €€€€

Dunes
▸ Klappe vorne, c 4

Unbegrenzt schlemmen • Das Restaurant des Hotels Kalahari Sands (▸ S. 43) brilliert mit einem reichen Büfett, bei dem vor allem die Vorspeisen und die verschiedenen Sorten Antilopenfleisch herausragen – und die Möglichkeit des Nachschlags.
129 Independence Avenue • Tel. 0 61/ 22 23 00 • €€€

Cicada Café
▸ Klappe vorne, f 4

Leicht und luftig • Alternativprogramm zur fleischlastigen Küche: Im Innenhof einer Gärtnerei werden knackige Salate und lecker-leichte Snacks serviert.

Wilde Eend Nursery, 10 Uhland Street (Klein Windhoek) • Tel. 0 61/27 26 32 • Mo–Fr 8–17, Sa 7–14 Uhr • €€

Marmite
▸ Klappe vorne, c 2

Exotisch • Afrikanische Küche in ebensolcher Atmosphäre im kleinen Garten hinten, der Chef kommt aus Kamerun, und seine Speisekarte listet das Beste vom ganzen Kontinent.
383 Independence Avenue • Tel. 0 61/24 03 06 • €€

Paul's Coffee Shop
▸ Klappe vorne, c 4

Hell und entspannt • Im Komplex des Namibia Crafts Center (▸ MERIAN-Tipp S. 46) gibt es – im Rahmen des Namibian Disability Trusts – in eleganter Atmosphäre leichte Mahlzeiten.
40 Tal Street (Namibia Crafts Center) • Tel. 0 61/30 70 76 • nur tagsüber • €

MERIAN-Tipp **5**

RESTAURANT NICE
▸ Klappe hinten, b 3

Die elegante kubische Architektur, die in warmen Tönen gehaltene, moderne Inneneinrichtung, das perfekt ausgebildete Personal und die ambitionierte Küche garantieren gelungene Abende. Tout Windhoek isst im NICE, denn die junge Crew bürstet traditionelle Südwester-Rezepte ordentlich gegen den Strich – mit Einflüssen, die von mediterran bis asiatisch reichen.
Windhoek, Mozart Street (Ecke Hosea Kutako Drive) • Tel. 0 61/30 07 10 • www.nice.com.na • €€€

EINKAUFEN

Bücher Keller ▸ Klappe vorne, d 3

Bestsortierte Buchhandlung des Landes, Zeitungen und Zeitschriften aus Deutschland.
Carl List Mall

Bushman Art ▸ Klappe vorne, c 3

Wie ein Schlauch zieht sich der vollgepackte Laden nach hinten und lädt zum ausgiebigen Stöbern ein. Qualitativ hochwertige Afrikana vom ganzen Kontinent.
187 Independence Avenue

Leather Connection

▸ Klappe vorne, südl. c 6

Rund um den beliebten Lederwarenladen haben sich kleine Geschäfte angesiedelt wie Ottos Allgemeinwaren (mit Nötigem und Unnötigem) oder Magic Elephant mit allerlei Sinnvollem wie Schreibpapier aus Elefantendung.
Parsival Street

Markt in der Post Street Mall

▸ Klappe vorne, c 3

Jeden Morgen breiten die Verkäufer ihre Decken aus und drapieren nicht nur Kunsthandwerk, sondern auch kleine praktische Gegenstände des täglichen Lebens auf ihnen.
Post Street Mall

Nakara ▸ Klappe vorne, c 3

Billig sind sie nicht, die Jacken und Mäntel aus dem Fell der Karakulschafe, doch von Kennern hoch gelobt. Auch Waren aus Straußen- und Wildleder. Ein weiteres Geschäft befindet sich in Swakopmund, ein Fabrikverkauf im Industriegebiet von Windhoek.
165 Independence Avenue

Safari Den ▸ Klappe vorne, c 4

Eine reiche Auswahl an Safarikleidung und -ausrüstung großteils aus qualitativ guter südafrikanischer Produktion.
129 Independence Avenue (Kalahari Sands Basement)

MERIAN-Tipp **6**

NAMIBIA CRAFTS CENTER

▸ Klappe vorne, c 4

Auf zwei Etagen einer ehemaligen Halle der Windhoeker Brauerei ist Kunsthandwerk aus dem ganzen Land zu fairen Preisen im Angebot. An den kleinen Ständen heißt es stöbern und mit den Verkäufern ins Gespräch kommen. Halsschmuck, Armbänder, Mobiles liegen auf den Tischen, zart bestickte Tisch- und Bettwäsche wird verkauft, Flechtwerk, Bilder und Schnitzereien. Mehrere Cafés und Restaurants stehen für das leibliche Wohl zur Verfügung. Hier lässt sich außerdem eine Tour durch das »schwarze« Windhoek buchen.
Windhoek, 40 Tal Street

AM ABEND

Chez'N'Temba VIP Lounge

▸ Klappe vorne, c 2

Hip-Hop, House, Kwassa, Kizomba, für jeden ist auf den drei Dancefloors etwas dabei. Gemischtes Publikum, das Spaß will und sich den Eintritt leisten kann.
Mandume Ndemufayo Street • Fr, Sa ab 21 Uhr • 50 N$ Eintritt

Dylan's ▸ Klappe vorne, f 4

Um 17 Uhr wird aufgemacht, und die ersten Biere und ein kräftiger Im-

Der farbenfrohe Markt in der Post Street Mall (▶ S. 46) bietet Nützliches und Mitbringsel, hübschen Schnickschnack und sinnvolle Gebrauchsgegenstände.

biss als Grundlage landen auf der Theke. Enden tut es irgendwann spät in der Nacht, wenn die Band völlig fertig aufgibt. Jeden Donnerstag Karaoke ab 19 Uhr.
Sam Nujoma Drive Ecke Stein Street (Klein Windhoek) • Mo–Sa ab 16 Uhr

Joe's Beerhouse
▶ Klappe vorne, nördl. d 1

Joe's ist seit Jahrzehnten der Ort, wo sich alle in lauschigen Nischen oder an langen Tischen, im Freien oder neben dem Kanonenofen treffen, trinken (Windhoek Lager), essen (Boerewors und Unmengen von jedem Fleisch, das es gibt) und tratschen. Bei Joe's ist es fast unmöglich, alleine zu bleiben.
160 Nelson Mandela Avenue • Tel. 0 61/23 24 57 • www.joesbeerhouse.com • Mo–Do ab 16, Fr–So ab 11 Uhr

SERVICE
AUSKUNFT
Windhoek Tourism Information
▶ Klappe vorne, c 3

Post Street Mall • Tel. 0 61/2 90 20 92 • Mo–Fr 9–17 Uhr

Namibia Tourism Information
▶ Klappe vorne, c 3

39 Post Street Mall (Town Square), im Channel Life Building, I. Etage • Tel. 0 61/2 90 60 00 • www.namibiatourism.com.na

BUCHUNGEN FÜR DIE NATURSCHUTZGEBIETE
NWR – Namibia Wildlife Resorts
▶ Klappe vorne, c 3

Central Reservations Office • 189 Independence Avenue • Private Bag 13378, Windhoek • Tel. 0 61/2 85 72 00 • www.nwr.com.na • Mo–Fr 8–15, von 15–17 Uhr nur Reservierung

Ziele in der Umgebung

◎ Daan Viljoen Game Park
▸ S. 149, E 4

Das Schutzgebiet ist das beliebteste Naherholungsgebiet der Stadt. Die einen verbummeln den Tag am Pool, die anderen gehen auf den drei ausgewiesenen Wanderwegen zur Vogelbeobachtung. Über 200 Arten leben am Augeigassee, der 1933 mit dem Bau eines 21,5 m hohen Dammes aufgestaut wurde. Der Wag'n-Bitje-Weg (benannt nach dem Busch, dessen widerhakenbewehrte Dornen zum unfreiwilligen Verweilen einladen) geht über 3 km am See vorbei, der 9 km lange Rooibos-Weg führt zur höchsten Stelle des Parks, und der Soetdoring Trail misst 32 km und wird in zwei Tagen absolviert, in denen mit Sicherheit Antilopen und vielleicht das Hartmannsche Bergzebra in freier Wildbahn zu sehen sind.

Der Game Park, der früher zu Namibia Wildlife Resorts gehörte, wurde privatisiert und hat 2012 nach einer grundlegenden Renovierung des Unterkunftsbereichs seine Tore wieder geöffnet. Mehrere Restaurants, Kiosk, kostenloses Wifi, Chalets mit Klimaanlage, Zeltplatz.

Tel. 0 61/23 23 93 • www.sunkarros.com.na

24 km westl. von Windhoek an der C28

◎ Groß Barmen
▸ S. 149, E 4

Das 10 qkm große Schutzgebiet 20 km westl. von Okahandja war einst eine Missionsstation und hieß Otjikango – »Quelle aus dem Felsen«. Schlanke Palmen an der Zufahrt lassen Feriengefühle aufkommen, die im Hallen- und Freibad Verwirklichung finden. Mit 65 °C

und 2 l/sec springt die Quelle aus 2500 m Tiefe und wird für die Schwimmbäder heruntergekühlt. Ein Bad im 40 °C heißen Innenbecken wird bei Rheuma empfohlen, der Aufenthalt im Wasser sollte wegen der Kreislaufbelastung zeitlich beschränkt werden. 1844 ließen sich an diesem privilegierten Ort die Missionare Carl Hugo Hahn und Heinrich Kleinschmidt nieder und nannten ihre Station nach dem Hauptsitz der Missionsgesellschaft »Neu Barmen«. Noch vor dem Ersten Weltkrieg wurde die Station aufgegeben.

90 km nördl. von Windhoek an der B1

ÜBERNACHTEN

Namibia Wildlife Resort

Am Puls der Natur • Die Familien- und Bush-Chalets mit vier Betten und Chalets für je zwei Personen sind im Halbrund um den dicht mit Schilf bewachsenen und kaum erkennbaren Stausee angeordnet. Der Zeltplatz liegt etwas abseits. Laden für Selbstversorger (die Hütten haben Küche und Grillplatz) und Restaurant. Hallenbad und Außenpool mit Thermalwasser. Vorsicht vor Schlangen!

Voraussichtlich bis Ende 2012 wegen Renovierung geschlossen.

Buchung über NWR (▸ S. 47) •

40 Chalets • €€

◎ Kiripotib
▸ S. 153, D 9

Die Gästefarm Kiripotib hat sich der Kunst verschrieben. Claudia von Hase ist Goldschmiedin und arbeitet auf der Farm. In ihrem Atelier sind der von ihr entworfene Schmuck und weitere Kunst aus ganz Afrika ausgestellt. Auch eine Teppichweberei hat die Dame des Hauses aufge-

Auf der Farm Kiripotib (▸ S. 48) wird in der eigenen Färberei und Spinnerei die Wolle der Karakulschafe bis zum Teppich weiterverarbeitet.

baut. Die Wolle kommt von der eigenen Schafzucht auf der 10 000 ha großen Farm. Jedes der genügsamen Tiere benötigt zum Überleben 2 ha, bis zu 5000 Schafe können also gezüchtet werden.

Die eigene Spinnerei und Färberei verarbeiten die Wolle weiter, die Webkünstler arbeiten nach eigenen Motiven, aber auch auf Bestellung nach den Vorstellungen der Kunden (www.kirikara.com).

160 km südöstl. von Windhoek über die C23, C15 und D1448

ÜBERNACHTEN

Kiripotib Gästefarm

Umgeben von Kunst • Ausgesucht eingerichtete, komfortable Räume und eine sehr persönliche Betreuung. Schwimmbad und Wanderwege, professionelle Sternwarten stehen Besuchern zur Verfügung.
Tel. 0 62/58 14 19 • ww.kiripotib. com • 3 Zimmer, 2 Chalets • €€€

◎ **N/a'an ku sê**   ▸ S. 149, E 4

In einem ganz unüblichen Stil ist die Anlage errichtet: Grauer Beton, Kie-

MERIAN-Tipp

HOLZSCHNITZERMÄRKTE

▶ S. 149, E 4

Die beiden Märkte der Holzschnitzer von Okahandja sind nicht nur für Touristen interessant. Auch die Einheimischen decken sich hier mit den teils äußerst gut und detailliert gearbeiteten Werken zur Dekoration von Haus und Hof ein. Die Objekte sind meist Wildtiere: von der Riesengiraffe bis zum Miniflusspferd ist alles vertreten, was zwei oder vier Beine hat. Auch andere Schnitzereien sind erhältlich. Handeln ist Pflicht!
Okahandja, jeweils an den Stadtausgängen

sel, Holz, Glastropfen an langen Ketten hängen an der hohen Decke. Riesige Glasflächen im Hauptgebäude und den Chalets geben den Blick auf das Panorama der spektakulären Buschlandschaft frei. N/a'an ku sê ist eine Lodge mit Anspruch. Löwen, Leoparden, Geparde und Wildhunde – als Waisen zur Rehabilitation auf die Farm gekommen – haben jeweils ihren eigenen Lebensraum und können bei Fütterungen beobachtet werden. Spaziergänge mit Karakal-Katzen lassen die Gäste die Natur auf ganz eigene Art erleben. Angestellte und Volontäre kümmern sich um die Tiere und um die von Biologen begleiteten Forschungsprojekte.
Je ein Viertel des Gewinnes der Lodge wird verwendet für die Forschung, für die Abzahlung der Investition, für den Ausbau der Tierhaltung sowie für den Unterhalt einer Klinik für die San der Region, die bevorzugt in den anspruchsvollen Projekten eine Anstellung finden.
42 km östl. von Windhoek an der MR53

ÜBERNACHTEN

N/a'an ku sê Lodge

Postmoderne in der Wildnis • Luxuriöse Bungalows mit allem Komfort und einem modernistisch-innenarchitektonischen Konzept am Rande eines kleinen Canyons, mit Blick auf den Sonnenaufgang über dem Busch. Nur mit Halbpension. Pirschfahrt mit Fütterung der Katzen 250 N$ p. P.
Tel. 0 61/30 73 38 • www.ecotourism-namibia.com • 6 Luxusbungalows • €€€

◎ Okahandja   ▶ S. 149, E 4

Das Städtchen an den Rennstrecken von Windhoek nach Norden und nach Swakopmund besteht aus einer Hauptstraße und den Wohngebieten um sie herum. Als Versorgungspunkt der umliegenden Farmen ist es recht lebhaft, und da es am Schnittpunkt zweier touristischer Hauptrouten liegt, erfreuen sich die **Holzschnitzermärkte** (▶ MERIAN-Tipp, S. 50) großen Zulaufs – von Käufern und Verkäufern. Zu den erhaltenen historischen Zeugnissen zählt die 1876 erbaute Friedenskirche, auf deren Friedhof zahlreiche Soldaten der Schutztruppe ihre letzte Ruhe fanden. Auf der gegenüberliegenden Straßenseite befinden sich die Gräber des berühmten Nama-Führers Jan Jonker Afrikaaner sowie zweier prominenter Herero-Politiker. Der eigentliche Herero-Friedhof, auf dem die Zeremonien des Ahnengedenktags abgehalten werden, liegt östlich davon.

Besondere Bedeutung gewinnt die Stadt im August, wenn die Maharero-Herero zu ihrem **Ahnengedenktag** (▸ MERIAN-Tipp, S. 27) zusammenkommen. Draußen vor den Toren der Stadt lagern sie, kochen auf großen Feuern und in riesigen Töpfen Fleisch, die Herren in fantasievollen Uniformen als Kopien aller nur erdenklicher Waffengattungen aus aller Welt (vom Schottenrock bis zur Pluderhose). Bewaffnet mit richtigen Gewehren und solchen aus Holz paradieren sie, exerzieren, salutieren und marschieren. Die Frauen in ihren weiten, mit unzähligen Unterröcken geplusterten viktorianischen Gewändern und den charakteristischen Hüten mit zwei Spitzen, Symbol für Rinderhörner, staunen, lachen und klatschen.

Schließlich formiert sich der Zug zu den Gräbern der Ahnen auf dem Friedhof von Okahandja. Politische wie religiöse Oberhäupter halten hier Reinigungszeremonien ab; in den emotionalen Reden dominiert die Erinnerung an die verhängnisvolle Schlacht am Waterberg und an ihre fatalen Folgen. Viele Tausend Herero flüchteten in die Wüste und verdursteten dort.

65 km nördl. von Windhoek an der B1

ÜBERNACHTEN

Okahandja Lodge

Grüne Idylle • Weitläufige grüne Anlage unter hohen Bäumen mit Komfortzimmern (mit Klimaanlage/Heizung/TV), Restaurant und Pool; Ausflug zum Sundowner auf dem Schiff am nahen Von-Bach-Damm möglich.

2 km außerhalb an der Hauptstraße nach Norden • Tel. 0 62/50 42 99 • www.okahandjalodge.com • 22 Zimmer, 2 Familienzimmer • €€

So sieht das typische Angebot auf den Holzschnitzermärkten in Okahandja (▸ MERIAN-Tipp, S. 50) aus: Tiere aller Arten, Masken und Dekorationsgegenstände.

Auberge Omulonga

Afrikanische Provence • Eine kleine Oase im Ort mit herzlichen Gastgebern aus Frankreich, die auf Urlaub hier hängen geblieben sind und nun den Flair ihrer Heimat in Namibia verbreiten. Ausgezeichnetes Essen und angenehme Gespräche zum Sundowner.

458 Dr. Vedder Street • Tel. 0 62/ 50 03 40 • www.omulonga.iway.na • 4 Zimmer • € –€€

◎ Okapuka　　▶ S. 149, E 4

Die Farm zwischen der Straße und dem Gebirgszug im Osten ist berühmt für ihr Löwengehege. Bei der Fütterung darf man zusehen (▶ S. 33). Für Geländewagenenthusiasten gibt es auf der Farm einen 120 km langen, anspruchsvollen Offroad-Trail mit mehreren Camps, sodass man alles aus dem Fahrzeug herausholen kann.

30 km nördl. von Windhoek an der B1

ÜBERNACHTEN

Okapuka Lodge

Komfort und Löwen • Weite Anlage mit Blick auf eine Bergkette, Schwimmbad, Tennisplatz. Auf der Farmrundfahrt sieht man Antilopen, Krokodile und Nashörner.

Tel. 0 61/23 46 07 • www.natron.net/ okapuka • 16 Zimmer • €€€

◎ Peperkorrel Farm　▶ S. 153, D 9

1969 unternahmen Volker und Dörte Berner ihre Hochzeitsreise auf einem Frachtschiff nach Südafrika. Sie landeten mit 20 Rand in der Tasche an und blieben – ein Glücksfall. Berners haben in Namibia ihre Inspiration gefunden und entwickelten sich mit zu den wichtigsten Künstlern des Landes. Dörte ist in der Bildhauerei tätig, von ihr stammt unter anderem der Bronzebrunnen in der Hepworth Arcade von Windhoek.

Volker Berner hatte sich der Teppichwebkunst verschrieben. In seinen Ateliers entstanden die berühmten Dorka-Teppiche, die weltweit Absatz fanden. 2011 wurden die Produktionseinrichtungen an die Mitarbeiter verkauft, die sie in ihre Heimat im Ovamboland verfrachteten und nun dort ebenfalls mit beträchtlichem Erfolg und in eigener Regie weiterarbeiten (www.dorkambo.com).

100 km südöstl. von Windhoek über die M51 und D1472

ÜBERNACHTEN

Eningu Clayhouse Lodge

Kunst und Kulinarik • Aus rotem Lehm erbaut fügt sich die Lodge perfekt in die Landschaft ein. Fürs exzellente Essen kommen Gäste von weit her und mieten sich über das Wochenende in den komfortablen Bungalows ein. Markierte Wanderwege und Sportmöglichkeiten wie Tennis und Volleyball. Nur mit Halbpension.

Angrenzendes Farmgelände von Peperkorrel, an der D1471 • Tel. 0 62/58 18 80 • www.eningu lodge.com • 9 Bungalows • €€€

Gobabis　　▶ S. 150, A 8

16 000 Einwohner

»Cattle-Country« – mit einem unübersehbaren Schild weist Gobabis auf seine Bestimmung hin. Die einzige größere Siedlung des Ostens ist Verwaltungszentrum der Omaheke, eine Trockenregion, die sich weit bis nach Botswana hineinzieht. Saubere, breite Straßen, niedrige Häuschen und ein belebtes Zentrum strahlen Ruhe und gediegene Wirtschaftskraft aus. Einige wenige Gebäude erinnern an die Gründerzeit vom Ende des 19. Jh., als eine Schutztruppen-einheit an den »Platz der Elefanten« verlegt wurde. 1896 brach hier der erste der Herero-Aufstände los. Er wurde in der Schlacht von Gobabis niedergeschlagen. Heute ist Gobabis das Zentrum der östlichsten Gruppe der Herero, der Mbanderu-Herero, die hier nach den für das Volk desaströsen Kämpfen am Waterberg eine neue Heimat fanden.

MUSEEN
Gobabis Museum

Auf private Initiative wurden in einer Lagerhalle und auf dem Freigelände Gegenstände aus dem Farmleben zusammengetragen. Hier erfährt man Wissenswertes bei der deutschsprachigen Führung.
Olifants Street, Öffnung nach Vereinbarung unter Tel. 0 62/56 24 89 • Eintritt frei, Spende erbeten

ÜBERNACHTEN
SanDüne

Sonne, Sand und San • 4600 ha große Wildfarm an der Grenze zu Botswana. Zahlreiche Aktivitäten wie Gamedrives, Wanderungen, Vogelbeobachtung und Besuch des San-Dorfs auf der Ranch.
20 km südöstl. Gobabis • Tel. 0 62/56 35 59 • www.sandune.co.za • 7 Zimmer, 7 feste Zelte, 1 Villa • €€€

Goba Goba Lodge

Rustikaler Charme • Am Ufer des Riviers vom Black Nossob liegen die Zimmer in einem schönen Garten mit Pool. Gutes Restaurant, Tennisplätze, Vogelbeobachtung.
1 km nordwestl. des Zentrums am Ortsrand • Tel. 0 62/56 44 99 • www.gobalodge.com • 8 Zimmer, 9 Luxuschalets • €€

Marlice van Vuuren, die Besitzerin von N/a'an ku sê (► S. 49), mit einem ihrer Schützlinge. Kranke und verletzte Raubkatzen werden hier aufgepäppelt.

Der Norden
Schroffe Felsformationen, geheimnisvolle Gravierungen und Felsbilder aus der Frühzeit der Menschen sowie ein atemberaubender Wildreichtum: Je weiter nördlich, desto grüner wird es.

◀ Ein ziemlich seltener Anblick sind die etwas kleineren Wüstenelefanten am Hoanib River (▶ S. 61).

Namibias Norden präsentiert sich sehr vielgestaltig mit menschenleeren Ebenen, Wüsten und Gebirgen, dicht besiedeltem Bauernland, üppig bewachsenen Flussläufen sowie Sumpfgebieten und einem großen Artenreichtum.

Die Bergwelt des Damaralandes fällt zum Atlantik hin zum Wüstensandgürtel der Skelettküste ab. Bis zu 2000 Jahre alt sind die Gravuren, die die Urbevölkerung in den Felsen hinterlassen hat. Im nordwestlichsten Bergland Namibias, dem Kaokoveld, leben die faszinierenden Himba teils noch als Halbnomaden. Die Etosha-Salzpfanne ist während der Regenzeit das Flutungsgebiet zahlreicher Kanäle, die das Wasser aus Angola nach Süden leiten – ein Eldorado für die Tierwelt und der beste Platz, um das ganze Potpourri der Landesfauna vor das Fernglas zu bekommen.

Nördlich davon erstreckt sich das Ovamboland bis zur angolanischen Grenze – geprägt von kleinen Siedlungen und Feldern sowie den beiden Wirtschaftszentren Oshakati und Ondangwa. Hier lebt Namibias Bevölkerungsmehrheit, das Volk der Ovambo. Bei Tsumeb und Grootfontein wächst Getreide, die Region profitiert vom (relativ) hohen Niederschlag. Üppig grüne Galeriewälder säumen die Flussläufe, die den nordöstlichen Caprivi-Strip einrahmen und ihn mit ihren Nebenarmen stellenweise in eine Sumpflandschaft verwandeln. Auch hier sind in und außerhalb der Nationalparks große Wildherden beheimatet.

Otjiwarongo ▶ S. 149, E 3

22 000 Einwohner

Die Siedlung war ab 1906 ein wichtiger Haltepunkt der Eisenbahn von Swakopmund nach Tsumeb mit seinen reichen Erzlagern. Eine der Henschel-Lokomotiven, die damals Dienst taten, steht als Wahrzeichen vor dem Bahnhof. Bis heute hat die Stadt ihre Bedeutung als Subzentrum für die Versorgung des umliegenden Farmlandes bewahrt. Jacarandabäume schmücken die breiten Straßen, Hotels und Lodges nehmen die Durchreisenden auf. Eine Krokodilfarm ist die einzige nennenswerte Attraktion im Ort. Doch in der Umgebung liegen einige wichtige Ziele für die Gäste aus Übersee, vor allem für Geologie- und Geschichtsinteressierte.

SEHENSWERTES

Crocodile Ranch

Die Krokodilfarm mitten in der Stadt züchtet die riesigen Urtiere in großen Becken nach international geltenden Richtlinien und verkauft Taschen aus deren Leder mit Ausfuhrgenehmigungen. Die Führung dauert etwa eine Stunde.

Tuin Street • Tel. 0 67/30 21 21 • Mo–Fr 9–16, Sa und So 9–14 Uhr • Eintritt 45 N$

ÜBERNACHTEN
Out of Africa Town Lodge

Schmuck und modern • Komfortable Zimmer in einer großzügigen Anlage mit Lounge, Bar, Bistro und Schwimmbad.

Long Street • Tel. 0 63/30 22 30 • www. out-of-afrika.com • 20 Zimmer • €

ESSEN UND TRINKEN
Otjibamba Lodge

Kolonialflair • Man speist vorzüglich drinnen oder im Garten. Serviert wird eine gerühmte Weinauswahl südafrikanischer Herkunft, auf der Karte steht viel Wild.

3 km außerhalb Richtung Windhoek • Tel. 0 67/30 31 33 • www.otjibamba lodge.com • €€€

EINKAUFEN/SERVICE
Omaue Mineralien

Hübsches Kunsthandwerk, ein umfangreiches Angebot an Mineralien und die Informationsstelle der Region locken die Besucher in den kleinen Laden im Stadtzentrum.

5 St. George Street • Tel. 0 67/ 30 38 30

Ziele in der Umgebung
◎ Cheetah Conservation Fund
▶ S. 149, E 3

Dem Schutz der pfeilschnellen Tiere hat sich die Organisation verschrieben, wobei einer der Schwerpunkte in der Aufklärung der Farmer liegt, auf deren Grund Geparde leben. Die Farmer haben die Tiere bislang stets als Störfaktor für ihre Rinder- und Schafzucht gesehen und sie abgeschossen; heute ist die Akzeptanz durch die Arbeit des Funds enorm gestiegen. 50 Geparde leben auf dem Gebiet des CCF, vornehmlich Tiere, die sich nicht mehr auswildern lassen. Der Großteil der zum CCF gebrachten, in Fallen gefangenen oder verletzten

Schroff, karg und ziemlich abweisend ist die Landschaft um Twyfelfontein (▶ S. 58), dem Weltkulturerbe und Nationaldenkmal mit den Felsgravierungen.

Räuber wird aber wieder in die Natur entlassen. Das Zentrum bringt Besuchern alles Wissenswerte über die Katzen nahe. Besucher können auf Gamedrives Geparden in freier Wildbahn erleben. Sie können bei Fütterungen zusehen und ein Wettrennen der über 100 km/h schnellen Tiere bestaunen, aber auch im Shop Kalender, Poster, T-Shirts und Bücher erwerben.

Tel. 0 61/25 35 42 (Buchungsbüro Nuevas Ideas) • www.cheetah.org • Eintritt 130 N$, Gamedrives ab 400 N$

40 km östl. von Otjiwarongo an der D2440

◎ Dinosaur Footprints 👣

▸ S. 149, E 3

Die im Sandstein erhaltenen, zum Nationalmonument erklärten Dinosaurierfußspuren haben die Tiere vor 219 Mio. Jahren in den Schlamm gedrückt. Die Spuren wurden von Sanddünen bedeckt, der Schlamm verbuk zu Sandstein, den Sand trugen Wind und Wetter wieder ab. Etwa 30 Abdrücke der den Therapoda zugeordneten Tiere mit dreizehigen Klauen sind heute auf einer flachen Felsplatte in zwei Spuren auf einer Gesamtlänge von 30 m zu bewundern. Sie gelten als besondere Sehenswürdigkeit des Landes. Auch der Tyrannosaurus Rex gehörte zu der Ordnung der Therapoda, die hier festgehaltenen Spuren stammen aber von zwei Tieren unterschiedlicher Größe, die wesentlich kleiner waren.

Eintritt 20 N$

90 km südwestl. von Otjiwarongo auf der Farm Otjihaenamaparero (von Otjiwarongo 70 km auf der C33 nach Kalkfeld, dort 20 km auf der D2414 zur Farm)

ÜBERNACHTEN
Dinosaur's Tracks Guesthouse

Farmleben • Saubere und zweckmäßig eingerichtete Zimmer mit Terrasse, auch Halbpension möglich, Zeltplatz.

Tel. 0 67/29 01 53 • www.dinosaurs tracks.com/gaestehaus.html • 3 Zimmer • €

◎ Okakarara

▸ S. 149, E 3

Okakarara ist Hauptort des ehemaligen Homelands Hereroland, ein staubiges Städtchen, um das herum sich alles nach wie vor sehr traditionell um Viehzucht dreht. Das ambitionierte deutsche Entwicklungshilfeprojekt eines Kulturzentrums für die Herero findet leider wenig Anklang bei den Bewohnern.

90 km östl. von Otjiwarongo an der C30

ÜBERNACHTEN
Hamakari Gästefarm

Farmleben pur • Hamakari ist eine waschechte Rinderfarm und liegt an der Stelle, an der die Herero sich 1904 für die Flucht vor der Schutztruppe in die Omaheke entschlossen.

15 km westl. Okakarara • Tel. 0 67/ 30 66 33 • www.hamakari.com • 6 Zimmer • €€€

◎ Petrified Forest

▸ S. 148, C 3

Auf der Fahrt von Khorixas nach Twyfelfontein passiert man mehrere versteinerte Wälder. Nur einer liegt auf staatlichem Grund, die anderen auf privatem Farmgebiet. Täuschend echt wie gerade umgefallene Baumstämme zeigen sich die bis zu 30 m langen, schmalen, massiven Felsen, erst wenn man sie berührt und ihre Kälte oder Hitze spürt, wird einem ihr eigentliches Material bewusst.

Bei einer Flut vor 260 Mio. Jahren wurden die Bäume des Urzeitnadelwaldes (Araukarien) hierher gespült und anschließend luftdicht mit Sediment bedeckt – der Fäulnisprozess war damit gestoppt. Nach und nach drang Kieselsäure ein, versteinerte und ersetzte die Zellen der Bäume bis ins kleinste Detail, sodass die Jahresringe und die Rinde perfekt erkennbar blieben. Die bizarr zwischen den Zeugen der Urzeit wachsenden Exemplare der Welwitschia mirabilis und Köcherbäume geben dem Ganzen ein noch unwirklicheres Gepräge.

Eintritt 30 N\$

230 km westl. von Otjiwarongo

◎ Twyfelfontein **2** ▸ S. 148, C 3

Nach einer langen Anfahrt über staubige Pisten durch das Damara-Bergland gelangt man an eine zerklüftete Felswand, die ihrer Felsgravierungen wegen 2007 zum Weltkulturerbe erklärt wurde. Bereits 1952 erhielt Twyfelfontein den Status eines Nationaldenkmals. Die Entdeckung der Gravierungen geht auf deutsche Landvermesser vor dem Ersten Weltkrieg zurück. Eine Datierung ist schwierig, da sie sich nur über eine geschätzte Verwitterung des Felsens vornehmen lässt. Heute nimmt man an, dass sie über zwei Jahrtausende in mehreren Perioden geschaffen wurden, beginnend im 3. Jh. v. Chr. bis zum Ende des 17. Jh. Unbestritten ist, dass der Platz der »zweifelhaften Quelle« für die ausführenden Künstler hohen Kultwert besaß. Durch die erhöhte Lage Twyfelfonteins über der umgebenden Landschaft war dies ein guter Platz, um Beutetiere schon aus großer Entfernung zu sichten. Mit ihrem Abbild im Fels wurde wohl auch das Jagdglück berufen, die Quelle sicherte den Wasserbedarf der Lagernden. Einige Schautafeln am Parkplatz beim Eingang führen in die Felskunst der frühen Bewohner des südlichen Afrika ein. Mit einem Führer geht es über mehrere Wege durch das Labyrinth der Felsformationen mit insgesamt 2500 Gravierungen. Teils sind sie gegenständlich, teils abstrakt, wobei die Bedeutungen der Letzteren sich unserer Kenntnis entziehen. Löwen, Zebras, Giraffen und Nashörner sind neben Antilopen und Elefanten abgebildet, auch das Bild einer Robbe wurde mittels Quarzkeilen in den Felsen geritzt. Sogar Malereien sind hier zu entdecken, eine große Besonderheit, da diese meist nicht an Stellen mit Felsgravierungen zu finden sind.

Eintritt 50 N\$, Fahrzeug 20 N\$

250 km westl. von Otjiwarongo auf der C39, D2612und D3254

◎ Vingerklip ▸ S. 149, D 3

Der 35 m hohe, schlanke Finger aus Sandsteinkonglomerat mit einem Umfang von 44 m steht inmitten des breiten, von Terrassen eingerahmten, landschaftlich überaus eindrucksvollen Ugab-Tales. Der Ugab-Fluss hat sich vor 15 Mio. Jahren sein Bett gegraben und beidseitig Plateaus zurückgelassen. Je weiter riverabwärts man gelangt, desto größer ist der Umfang der das Tal säumenden Tafelberge, die Wucht der Wassermassen hatte hier schon nachgelassen und nicht mehr die Kraft, weitere schmale Finger wie die Vingerklip zu modellieren. Besonders der Sonnenuntergang ist ein Erlebnis, dann erstrahlen Felsfinger und Terrassen in den unterschiedlichsten Rottönen.

Eintritt 10 N\$
160 km westl. von Otjiwarongo an der
C39 und D2743

ÜBERNACHTEN
Bambatsi

Traditionsbewusst • Eine der ältesten Gästefarmen des Landes thront auf einer Kuppe. Von den persönlich eingerichteten Zimmern, dem Restaurant und dem Pool geht der Blick weit über die umliegenden, mit Mopane und Akazien bestandenen Ebenen. Während man Kaffee und Kuchen zu sich nimmt, heizt das Personal ganz traditionell die »Donkeys« an: Das sind Boiler, deren Wasser für die Dusche von außen befeuert und erwärmt wird. Nur mit Halbpension buchbar.
30 km nordöstl. der Vingerklip auf der C39 • Tel. 0 67/31 38 97 • www. bambatsi. com • 7 Bungalows • €€€

Vingerklip Lodge

Panoramablick • Man schläft in strohgedeckten, komfortablen Doppelbungalows und speist im Hauptrestaurant oder im auf zehnminütigem Fußweg erreichbaren Eagles Nest oben am Rand der Terrasse mit einem atemberaubenden Blick. Nur mit Halbpension.
Gegenüber der Vingerklip • Tel. 0 67/29 03 18 • www.vingerklip. com.na • 22 Zimmer • €€€

◎ Waterberg Plateau

▸ S. 149, E 3

Der an seinen Flanken mit hohen, lianenumschlungenen Bäumen fast tropisch bewachsene Inselberg ragt 200 m aus der Hochebene auf und bedeckt eine Fläche von 40 000 ha. Er entstand, als vor 150 Mio. Jahren die ganze Ebene angehoben und in der

Folge das umgebende Gestein erodiert wurde. Zurück blieb eine wasserundurchlässige, von Sanden bedeckte Schicht, die Niederschläge hervorragend speichert, sie an den Flanken nach und nach als Quellen

Eine von vielen Wildtierdarstellungen in Twyfelfontein (▸ S. 58).

wieder abgibt und so für die üppige Vegetation sorgt. Zwischen den Weltkriegen wurde das Gebiet zum Naturpark erklärt. Für seine relativ geringe Größe zeigt der Nationalpark eine beeindruckende Vielfalt an Tieren und Pflanzen. Ursprünglich als Schutzgebiet für die Elenantilope geschaffen, leben in ihm heute über 90 Säugetierarten, neben zahlreichen Antilopen auch Breit- und Spitzmaulnashorn und der Afrikanische Büffel. Traurige Berühmtheit erlangte der Waterberg durch die gleichnamige Schlacht, bei der die deutsche Schutztruppe am Ende des Hererokrieges 1904 einen Großteil des Volkes der Herero in die Omahe-kewüste Richtung Botswana ab-drängte, wo viele Tausend an Aus-zehrung starben. Die Schlacht und die Flucht der Herero wirken heute noch nach, da sie immer wieder An-lass für den Vorwurf des Völkermor-des und für Reparationsforderungen gegenüber Deutschland sind. Erinne-rung an diese Zeit sind die ehemalige Polizeistation (heute Restaurant des Rastlagers) und der Schutztruppen-friedhof. An Aktivitäten sind Spa-ziergänge auf mehreren Wegen am Fuß des Berges und zwei mehrtägige Wanderungen möglich (Letztere müssen bei NWR in Windhoek vo-rausgebucht werden). Morgens, abends und nachts werden Game-drives angeboten (Buchung vor Ort), außerdem sehr schöne Sundown-Fahrten. Mit dem eigenen Fahrzeug darf nur ins Rastlager, nicht in den eigentlichen Park gefahren werden.

Tel. 0 67/30 50 01 • Eintritt 80 N$, 10 N$ Fahrzeug
85 km östl. von Otjiwarongo über die B1, C22 und D2512

ÜBERNACHTEN

Bernabé-de-le-Bat Rastlager/ Namibia Wildlife Resort

Mitten in der Natur • Am Fuß der südlichen Flanke des Waterberges breitet sich das in dichtes Grün ge-bettete Rastlager mit Pool, Restau-rant, Laden und zahlreichen Bunga-lows und Hütten unterschiedlicher Kategorie aus, es gibt auch einen Zeltplatz. Das Rastlager leidet unter einer wahren Pavian-Plage.
Buchung über NWR (▸ S. 47) • 15 4-Bett-Chalets, 54 2-Bett-Chalets • €€

Weaver's Rock Guest Farm

Zimmer mit Aussicht • Graf und Gräfin zu Bentheim bringen die Gäs-

Vom Waterberg Plateau (▸ S. 59) aus hat man auf Spaziergängen, Wanderungen und bei Pirschfahrten mit den Rangern eine grandiose Rundumsicht.

te in Bungalows mit Weitsicht unter. Die persönliche Atmosphäre ist besonders beim gemeinsamen Abendessen (auf Vorbestellung) gegeben. Die Einrichtungen wie das Schwimmbad dürfen benutzt werden, wer selbst kochen will, kann dies in einer eigenen Küche mit angeschlossenem Esszimmer tun. Auch Zeltmöglichkeit.

5 km östl. des Abzweiges von der B1 an der C22 • Tel. 0 67/30 48 85 • www.weaversrock.com • 4 Zimmer • €€

Sesfontein   ▶ S. 148, B 2

2000 Einwohner

Nach der Fahrt über die staubigen Pisten von Twyfelfontein nach Norden ist die Streusiedlung Sesfontein ein ersehntes Ziel. Ockerfarben steht das gleichnamige Fort im Ort, die Palmen des Innenhofes grüßen den Reisenden schon von Weitem. Sesfontein war einst der nordwestlichste befestigte Punkt der Deutschen Schutztruppe. Er entstand als Posten nach der Rinderpest 1896, um das südlich liegende Farmland künftig besser vor der Einschleppung von Seuchen schützen zu können. Um sich das Leben angenehmer zu gestalten und die schlechte Versorgungslage zu kompensieren, wurde »Sechs Quellen« von den stationierten Soldaten bis 1906 zu einem Fort ausgebaut, die Palmen gepflanzt und ein großer Gemüsegarten angelegt. Ab 1915 verfiel das Fort und wurde erst 1995 wieder hergerichtet – als luxuriöse Lodge.

ÜBERNACHTEN
Fort Sesfontein Lodge

Luxus im Outback • Im einstigen Schutztruppenfort schlafen die Gäs-te komfortabel in den ehemaligen Stallungen und Mannschaftsquartieren, die um einen Innenhof mit Pool angelegt sind. Gespeist wird in der Offiziersmesse.

Tel. 0 65/68 50 34 • www.fort-sesfontein.com • 23 Zimmer • €€€

Ziele in der Umgebung
◎ Hoanib Rivier   ▶ S. 148, B 2

Der nur wenige Tage im Jahr Wasser führende Fluss entspringt in den Bergen südwestlich von Etosha und mündet südlich von Möwe Bay im Nationalpark Skelettküste, dessen Zugang strikt reglementiert ist, in den Atlantik. Das Trockenflussbett ist die Heimat der berühmten Wüstenelefanten, die man mit ziemlicher Sicherheit auf einer Tour zu Gesicht bekommt. Mit Glück gibt es auch Löwen zu sehen; Antilopen, Straußen und Giraffen begegnet man allemal. Das Rivier ist mit einem geländegängigen Fahrzeug befahrbar. Sicherer ist es, sich einer in Sesfontein organisierten, ganztägigen Tour anzuschließen (850 N$ p.P., Minimum vier Personen). Um 500 Tiere zählt die Population der bestens den ariden Landschaften angepassten Wüstenelefanten. Sie sind scheu, und bei zu großer Nähe von Menschen und Autos reagieren sie häufig aggressiv, besonders wenn Jungtiere in der Gruppe sind. Deshalb sollte man gehörigen Abstand wahren.

20 km westl. von Sesfontein

◎ Warmquelle   ▶ S. 148, B 2

6 km von der winzigen Siedlung Warmquelle entfernt liegt der idyllische Ongongo-Wasserfall. Er ist nur wenige Meter hoch und speist unter dem Wurzelwerk eines Feigenbaumes einen kleinen Weiher, dessen

warmes Wasser zu einem entspannenden Bad einlädt. In der Gegend sprudeln weitere Quellen, die früher Tabakfelder bewässerten.

22 km südöstl. von Sesfontein

Opuwo
▸ S. 148, B 1

5000 Einwohner

Der Hauptort des Kaokoveldes, angestammtes Gebiet der Nomaden des **Himba-Volkes**, wirkt nicht gerade wie ein touristisches Wunschziel, wird aber notwendigerweise als Ausgangsort für Touren in die Wildnis des Nordwestens Namibias von allen Abenteuerlustigen angefahren. Ursprünglich war Opuwo nur ein Treffpunkt für die Bewohner der Kuneneregion. Die südafrikanische Verwaltung baute es zur Stadt aus. Das Militär nutzte Opuwo als Stützpunkt gegen die namibische Unabhängigkeitsbewegung, die von angolanischem Boden aus operierte. Mit der Ausrufung des namibischen Staates und der Befriedung Angolas verlor Opuwo seine Bedeutung, die Stadt zerfiel zusehends. An der Flanke einer Kuppe errichtet, stehen heute zahlreiche verfallene Wohngebäude, aber auch eine moderne Infrastruktur mit Supermärkten, Tankstellen und Banken ist entstanden, denn der wachsende Tourismus bringt wieder Geld in den Ort. Die Himba kommen hierher, um sich zu versorgen, Freunde zu treffen und – eines der Hauptprobleme der Region – um Alkohol zu konsumieren.

ÜBERNACHTEN
Opuwo Country Hotel

Afrikanisch • In exponierter und ungestörter Lage auf einer Kuppe hat man von jedem Zimmer einen fantastischen Blick in das Kaokoveld hinein. Luxuriöses Hauptgebäude mit Restaurant (und großem Weinkeller) und großer Terrasse mit Pool, Souvenirshop.

Tel. 0 61/37 47 50 • www.namibia lodges.com • 40 Zimmer • €€€

SERVICE
Kaoko Information Center

Ausführliche Informationen und erfahrene Führer für Touren auch durch die abgelegenen Gegenden des Kaokoveld.

Am Ortseingang, von Sesfontein kommend • Tel. 0 61/25 59 77 • www. kaokoinformationcenter.com

Ziele in der Umgebung
◎ **Epupa**
▸ S. 148, B 1

Nach der Fahrt durch die Berge und die trockenen Landschaften des Kaokoveldes empfängt den Besucher im Tal des Kunene feuchtschwüle Luft. Hohe Makalanipalmen und bizarre Baobabs bewalden die Ufer und Felsinseln, Krokodile dösen in den ufernahen ruhigeren Bereichen des Wassers, Himba verkaufen Kunsthandwerk an die Touristen, die den beschwerlichen Weg hierher auf sich genommen haben. Die Piste von Opuwo nach Epupa besteht bis auf eine sehr sandige Furt durch den Trockenfluss Omuhongo bei Okongwati aus festem Untergrund und kann meist mit einem normalen Pkw bewältigt werden. Die Quelle des ganzjährig Wasser führenden Kunene liegt in Angola, er fließt nach Süden und wendet sich bei den Ruacana-Fällen als Grenzfluss nach Westen. Auf seinem weiteren Weg zum Atlantik springt er bei Epupa über mehrere Felsstufen in eine Schlucht hinunter und bildet die **Epupa-Fälle** ⬡3. Lange Jahre wurde

Bei den Epupa-Fällen (▶ S. 62) ist die sonst trockene Landschaft des Kaokoveld plötzlich üppig bewachsen, sogar Palmen gedeihen hier.

äußerst kontrovers ein Stauwehr bei Epupa zur Stromproduktion diskutiert, das tief greifende Auswirkungen auf das Ökosystem des Mündungsgebietes des Kunene und die Kultur der Himba gehabt hätte. Die Regierung hat sich nun dagegen entschieden, und so bleibt dieser verwunschene Ort weiter erhalten. Die Himba und das Omarunga Camp organisieren Touren zu Himbadörfern der Umgebung, auf denen man einen Einblick in das Leben der Rinderzüchter erhält und viel Wissenswertes über ihre Kultur erfährt.
175 km nördl. von Opuwo

ÜBERNACHTEN
Omarunga Camp
Wildnis-Idyll • Direkt am Ufer des Kunene im Schatten von Makalanipalmen. Schwimmen im Fluss ist wegen der Krokodile leider nicht erlaubt. Offenes Restaurant, Unterkunft in gemauerten, strohbedeckten Hütten mit eigenen Sanitäreinrichtungen. Nur mit Halbpension. Auch Campingmöglichkeit.
Tel. 0 64/40 30 96 • www.natron.net/omarunga-camp • 14 Hütten • €–€€

Oshakati/Ondangwa
▶ S. 149, D 1
40 000/10 000 Einwohner

Oshakati und das nur 30 km entfernte Ondangwa sind die urbanen Zentren des nördlich des Etosha National Parks gelegenen Ovambolandes. Die Heimat von Namibias größter Bevölkerungsgruppe, der Ovambo, ist eine flache, von zahllosen Wasserkanälen, den »oshanas«, durchzogene Ebene. Gespeist werden die Wasseradern von den Fluten des Flusses Kuvelai, der sich aus Angola kommend hier verzweigt. Dem Wasserreichtum ist die Fruchtbarkeit des Ovambolandes zu danken.

Ondangwa selbst ist kaum mehr als ein Handelsort. Doch dank seiner guten Infrastruktur eignet es sich als Ausgangspunkt für Abstecher in die interessante Umgebung.

ÜBERNACHTEN/ESSEN UND TRINKEN
Protea Ondangwa Hotel

Oase in der Stadt • Bester (und luxuriösester) Platz, um dem Trubel des Ovambolands zu entfliehen: Pool, A-la-carte-Restaurant, Barbeque, Bar – alles was das Herz begehrt und was Geschäftsleute und Touristen nach den staubigen Pads rund um Etosha gleichermaßen zu genießen wissen.

National Road • Tel. 00 27/21/4 30 50 00 • www.proteahotels.com • 90 Zimmer • €€–€€€

Etuna Guesthouse

Üppiges Frühstück • Eine blitzsaubere Unterkunft in der Nähe der Messe. Unterkunft in kleinen Bungalows, freundliches Personal.

Ongwediva, Valley of Leopard Street • Tel. 0 65/23 11 77 • www.etunaguesthouse.com • 12 Zimmer • €€
7 km östl. von Oshakati

Ziele in der Umgebung
◎ Missionsstation Olukonda

▸ S. 149, D 1

Auf Initiative des deutschen Missionars Carl Hugo Hahn wurde 1871 die erste Mission im Ovamboland von Finnen gegründet. Unter der Federführung von Marti Rutanen, den die Ovambo wegen seines Hutes »Nakambale« nannten, entstanden die erste Bibelübersetzung in Oshivambo und Lehrbücher für den Schulunterricht. Die alte Mission wurde in den 1990er-Jahren reno-

viert und ein Museum eingerichtet; ein Gehöft nebenan präsentiert die traditionelle Kultur der Ovambo.

Museum: Mo–Fr 14–17, Sa 8–13, So 12–17 Uhr • Eintritt frei
13 km östl. von Ondangwa

ÜBERNACHTEN
Olukonda Restcamp

Einfach und authentisch • Das mit Entwicklungsgeldern geförderte Projekt bietet Unterkunft in der Missionarswohnung, in traditionellen Hütten und auf einem Campingplatz. Nach Voranmeldung gibt's auch ein Ovambo-Essen.

Tel. 0 65/24 56 68 • €

◎ Ombalantu Baobab

▸ S. 148, C 1

Der Stamm des riesigen Affenbrotbaums mitten in Outapi ist ausgehöhlt und diente eine Zeit lang als Postamt des Ortes. Ein einfaches, aber sauberes Rastlager bietet hier eine Campingmöglichkeit, umgeben von der Atmosphäre einer afrikanischen Kleinstadt. Aber auch ohne Übernachtung sind der Baum, der kleine Souvenirladen und der nahegelegene Markt sehenswert.

90 km nordwestl. von Oshakati an der C46

◎ Onankali Paper Project

▸ grüner reisen, S. 22

◎ Tsandi Royal Homestead

▸ S. 148, C 1

Besucher haben nach Voranmeldung die Gelegenheit, ein traditionelles Ovambo-Oberhaupt kennenzulernen, das bis heute in bestimmten Belangen über sein Volk Recht spricht. King Taapopi steht der Volksgruppe der Kwalundi vor und

Die Etosha-Pfanne (▶ S. 66) vermittelt dem Besucher je nach Jahres- und Tageszeit bzw. Wetterlage die unterschiedlichsten Stimmungen von freundlich bis düster.

fungiert als Schlichter bei Streitfragen, z. B. um Land, sowie als Vermittler zu den staatlichen Autoritäten. Sein Homestead ist ein weitläufiges Anwesen, die Besichtigung bietet einen interessanten Einblick in die Traditionen dieses Ovambo-Volkes.
Tel. 0 65/25 50 25 • Besichtigung 40 N$
100 km westl. von Oshakati an der C41 und M123

Tsumeb   ▶ S. 149, F 2

17 000 Einwohner

Der Reichtum der Stadt kam vom Bergbau. Die breiten, baumbestandenen Alleen und schmucken Gärten der Häuser zeugen noch von der einstigen Glanzzeit und ihrem Geldbringer, der OMEG, der Otavi Minen- und Eisenbahngesellschaft. Bis 1904 mussten die um Tsumeb abgebauten Erze, die Kupfer, Blei, Silber und Zink enthielten, mit dem Ochsenwagen an die Küste gebracht werden, ab 1906 übernahm das die Eisenbahn. Da ab 1907 ausreichend Wasser für die Verhüttung vor Ort zur Verfügung stand, das mit einer Dampfmaschine vom nördlichen Otjikotosee nach Tsumeb gepumpt wurde, konnte man die Metalle in reiner Form nach Swakopmund expedieren. In den 1990er Jahren kam der Abbau der Erze zum Erliegen. Erst in jüngster Zeit – mit steigenden Weltmarktpreisen und neuen Funden – nahm man die Minen erneut in Betrieb. Mehrere Kolonialgebäude sind noch erhalten, das prächtigste ist das ehemalige Direktionsgebäude der Minengesellschaft mit einem Uhrenturm und großen Rundbogenfenstern am Ende der OMEG-Allee.

MUSEEN

Tsumeb Cultural Village

Im Living Museum von Tsumeb erläutern Guides bei einer Führung durch das Areal die Wohnweisen unterschiedlicher Volksgruppen des Landes und verkaufen Kunsthandwerk und Spezialitäten. Bei Voranmeldung werden Tänze vorgeführt.

2 km südl. von Tsumeb • Tel. 0 67/22 07 87 • tgl. 8–18 Uhr • Eintritt 20 N$

Tsumeb Museum

Das 1975 in der ehemaligen deutschen Privatschule gegründete Museum gibt mit seiner Sammlung einen Überblick über die 180 Mineralienarten der Region und erläutert mit Schaubildern und Exponaten das Leben der San. Im Otjikoto-Zimmer sind die Waffen ausgestellt, die die Schutztruppe bei der Kapitulation vor der südafrikanischen Armee im Otjikoto See versenkt hatte.

Main Street • Tel. 0 67/22 04 47 • Mo–Fr 9–12 und 14–17, Sa 9–12 Uhr • Eintritt 20 N$

ÜBERNACHTEN

!Uris Safari Lodge

Elegantes Flair • Komfortable Lodge im Reetdachstil mit großer Lapa und Schwimmbad mitten im Busch. Restaurant, Pool. Auch Zeltmöglichkeiten sind vorhanden.

20 km westl. von Tsumeb an der B1 • Tel. 0 67/22 18 18 • www.urissafari lodge.com • 14 Zimmer • €€€

Makalani Hotel

Farbenfroh • Neues Hotel im Zentrum von Tsumeb mit allem Komfort und guter Küche. Garten mit Schwimmbad und Lapa, einem reetdachgedeckten »Salon« im Freien; die Zimmer zum Garten sind zu bevorzugen. Gamedrives und Ausflüge.

Nidilimani Cultural Troupe Street • Tel. 0 67/22 10 51 • www.makalani hotel.com • 28 Zimmer • €€

ESSEN UND TRINKEN

Etosha Café

Schlemmen mit Biergarten • Gäste haben die Wahl zwischen Speiseraum und Garten; die Karte listet verschiedene Wildgerichte, aber auch Vegetarisches auf. Die Weinauswahl südafrikanischer Herkunft ist in der Region berühmt. Leichte Mahlzeiten, Kaffee und Kuchen im Biergarten, nur tagsüber.

Main Street • Tel. 0 67/22 12 07 • €

SERVICE
AUSKUNFT

Travel North Namibia

Informationsstelle, Zimmervermittlung und Buchungsbüro.

OMEG Allee • Tel. 0 67/22 07 28

Ziele in der Umgebung
◎ Etosha National Park 🔺

▶ S. 148, C 2 – S. 149, E 2

Karte ▶ S. 67

Das Herzstück des wichtigsten, bekanntesten und wildreichsten Parks des Landes ist die auf etwa 1000 m Höhe liegende »pan«, die Pfanne, eine unbewachsene, weite, weiß in der Sonne glitzernde Ton- und Salzebene, um die herum Wald und Busch gedeihen. Die Pfanne bedeckt über 6000 qkm und ist 120 km lang und 70 km breit. Der gesamte Park misst 22 000 qkm, nur seine östlichen zwei Drittel sind für Individualbesucher geöffnet; im westlichen Drittel sind nur Tour-Veranstalter mit spezieller Genehmigung zugelassen. Ein dichtes Netz von mit dem eigenen Fahrzeug befahrbaren Wegen verbindet die etwa 40 für Touristen erreichbaren, von artesischen Quellen gespeisten Wasserstellen, an denen sich besonders zur Trockenzeit die Tiere morgens und abends versammeln, um ihren Durst zu löschen. Drei Rastlager liegen im Park verteilt, es sind ehemalige Polizeiposten der Deutschen Schutztruppe. Zahlreiche Lodges sind außerhalb nahe der drei Eingänge zu finden: Anderson Gate im Süden, Von Lindequist Gate im Osten und King Nehale Gate im Norden.

1907 erklärte Gouverneur von Lindequist etwa 100 000 qkm zum Nationalpark. Doch mit der Einrichtung von Homelands, der Gebiete, in welche die rechtlose farbige und schwarze Bevölkerung nach dem sogenannten südafrikanischen Oden-

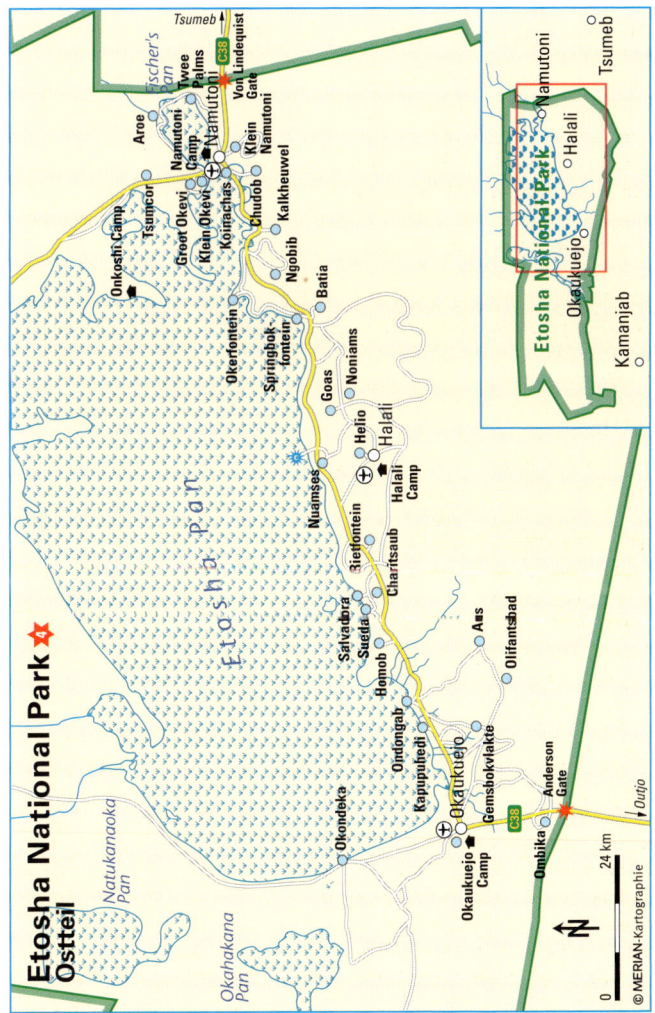

daal-Plan von 1970 vom »weißen« Farmland abgedrängt wurde, reduzierte man die Fläche auf ein Viertel. Die Salzpfanne entstand vor 2 bis 4 Mio. Jahren durch Senkungen. Es bildete sich ein See, der wahrscheinlich auch Zufluss vom zu jener Zeit nicht so weit nördlich verlaufenden Kunene erhielt. Heute wird die Pfanne durch mehrere Wasserläufe, Oshanas genannt, gespeist, die das Ovamboland im Norden Etoshas entwässern. In guten Regenjahren kann das Wasser bis zu 10 cm hoch stehen.

In den unterschiedlichen Vegetationszonen (Salzwüste, Grasfelder, Strauch- und Dornbuschsavanne, Baumsavanne, Trockenwald und Inselberge) leben Elefanten, Breit- und Spitzmaulnashörner, Großkatzen wie Löwen, Leoparden und Geparden, Hyänen, Löffelhunde, Warzenschweine, zahlreiche Antilopenarten, darunter Elenantilopen, Gnus, Pferde-, Kuh- und Rappenantilopen, Kudus, Gemsböcke (Oryx), Giraffen und Zebras. Die Luft bevölkern Geier, Adler, Falken, Reiher, Trappen, Störche und die allgegenwärtigen Siedler-Webervögel, die ihre riesigen Gemeinschaftsnester in die Baumwipfel flechten. Nach kräftigem Regen staksen Tausende Flamingos durch das Wasser der Pfanne.

Der Eintrittspreis beträgt pro Person und Tag 80 N$, pro Fahrzeug 10 N$. Die organisierten Gamedrives kosten morgens und am Spätnachmittag 450 N$, die nächtliche Exkursion 550 N$ pro Person (Gamedrives nicht für Kinder unter 6 Jahren). Wer sich mit dem eigenen Fahrzeug auf Pirsch begibt, dem stehen über 700 km Pisten offen (Maximalgeschwindigkeit 60 km/h). Das Fahrzeug darf keinesfalls unterwegs verlassen werden; Aussteigen ist nur in den ausgewiesenen und wildsicher eingezäunten Zonen erlaubt. Die Preise für die Übernachtung variieren stark je nach gewählter Unterkunftsklasse und Nähe zu den nachts beleuchteten Wasserlöchern in den Rastlagern: vom Doppelzimmer (650 N$ p. P. mit Frühstück) bis zum Premier Waterhole Chalet (1500 N$ p. P. mit Frühstück). Jedes Rastlager hat auch einen Zeltplatz (100 N$ p. P. und 200 N$ pro Stellfläche für max. acht Personen). Teilweise wird von Unterkunftsgästen ein Schlüsselpfand von 500 N$ erhoben. Die Rastlager müssen vor Sonnenuntergang erreicht und dürfen erst bei Sonnenaufgang wieder verlassen werden. Nachts sollte man die Augen offen halten, da trotz der Einfriedung der Lager wilde Tiere wie Schakale unterwegs sein können.

100 km nordwestl. von Tsumeb

ÜBERNACHTEN

IM PARK

Dolomite Camp/Namibia Wildlife Resorts

Luxus in Holz • Die neueste Camperrungenschaft in Etosha liegt im bislang nicht zugänglichen westlichen Teil des Parks und bietet Luxus auf höchstem Niveau. Nicht nur sind die Gamedrives exklusiv (auch weiterhin dürfen hier keine Selbstfahrer kommen), wo sonst kann man schon von einem eleganten Pool aus das Wild beobachten? Buchung über NWR (▶ S. 47) • 20 Chalets • €€€-€€€€

Halali/Namibia Wildlife Resort

Im Herzen Etoshas • Ursprünglich war das Lager im Herzen des Parks eine Heliografenstation der Deut-

Zebraherde im Etosha National Park (▸ S. 66). Was so idyllisch aussieht, kann in panischer Massenflucht enden, wenn irgendwo ein hungriges Raubtier lauert

schen Schutztruppe (der Signalspiegel stand auf einer der das Lager umgebenden Kuppen). Wasserloch im Lager, Schwimmbad, Restaurant, Tankstelle und Laden.
Buchung über NWR (▸ S. 47) • 56 Zimmer und Chalets • €€€

Namutoni/Namibia Wildlife Resort

Kolonialflair • Im Lager am östlichen Eingang ist als Einzigem noch das ursprüngliche deutsche Fort erhalten. Heute sind darin die Gästezimmer untergebracht. Während des Herero-

krieges wurde das Fort am 28. Januar 1904 von den Kämpfern des einzigen Ovambo-Führers (King Nehale, nach dem das Nordtor benannt ist), der sich den Herero angeschlossen hatte, berannt. In der Nacht flüchtete die Besatzung aus vier Schutztruppensoldaten und drei Farmern.
Restaurants, Bar, Kiosk mit Souvenirs, Schwimmbad, Laden und Tankstelle. Die Benutzung der Aussichtsplattform auf dem Dach des Forts kostet 100 N$.
Buchung über NWR (▸ S. 47) • 44 Zimmer und Chalets • €€€

Okaukuejo/Namibia Wildlife Resort

Beliebtes Wasserloch • 17 km vom südlichen Nationalparkeingang gelegen, ist es besonders für sein beleuchtetes Wasserloch berühmt, zu dem nachts zahlreiche Tiere kommen. Laden, Tankstelle, Restaurant, Bar, Schwimmbad.

Buchung über NWR (▸ S. 47) • 100 Zimmer und Chalets • €€€

Onkoshi Camp/Namibia Wildlife Resort

▸ grüner reisen, S. 21

AUSSERHALB

Onguma The Fort

Luxus pur • Privates Wildschutzgebiet direkt am Rande des Etosha-Parkes mit Blick über die Fisher Pan. High-end-Unterkunft mit einem als Fort konzipierten Hauptgebäude und anschließenden großzügigen Suiten mit edler Einrichtung und jeglichem Komfort. Nur Vollpension.

10 km nördl. des Osteinganges des Parks • Tel. 0 61/23 20 09 • www.ongumanamibia.com • 12 Suiten, Campingmöglichkeiten • €€€€

Etosha Safari Camp

Wildnis mit Komfort • Die hübsche Anlage ist das erste Standbein der im Süden beheimateten Gondwana Collection im Norden Namibias; die einfachen Bungalows wurden renoviert, sie liegen herrlich in die Buschsavanne eingepasst. Restaurant, Wanderwege, Pool, auch Zeltmöglichkeit. Auf Anfrage ab Windhoek mit Shuttle-Bus zu erreichen.

10 km südl. des Südeinganges des Parks • Tel. 0 67/68 70 04 • www.gondwana-collection.com • 55 Zimmer • €€€

Treesleeper Campsite

Schlafen im Baum • Das Schöne an diesem von den San geführten Zeltplatz in der Nähe von Tsintsabis sind die Plattformen in den Bäumen, auf denen man sein Zelt aufschlagen und sich der Natur ganz nahe fühlen kann. Die Sanitäranlagen sind sehr einfach gehalten aber in Ordnung. Es gibt Feuerstellen und Brennholz fürs Braai.

90 km östl. von Namutoni • Tel. 0 67/22 17 52 • www.treesleeper.org • €

◎ Lake Otjikoto ▸ S. 149, E 2

Der kreisrunde See entstand durch einen Einbruch im Karst. Unterirdische Flüsse haben ein Höhlensystem ins Kalkgestein gegraben, das an verschiedenen Stellen kollabierte. Der Otjikotosee hat einen Durchmesser von etwa 100 m, seine Tiefe ist unbekannt, bis 120 m sind Taucher vorgedrungen. Der See setzt sich nach unten schräg fort, sodass die in ihm von deutschen Truppen während des Ersten Weltkriegs versenkten Waffen aus einer Tiefe von etwa 3 m geborgen werden konnten. Der Herero-Name bedeutet »Wasser, das das Vieh nicht erreichen kann«, und tatsächlich liegt der Wasserspiegel weit unterhalb des Randes, steigt aber nach einer guten Regenzeit mehrere Meter an.

Tgl. 7.30–17.30 Uhr • Eintritt 20 N$ 25 km westl. von Tsumeb an der B1

◎ Muramba Bushman Trails
▸ S. 149, F 2

Bei einer Tageswanderung auf dem Gebiet der Farm erlernen die Gäste unter sachkundiger Führung von San das Leben im Busch: Feuermachen ohne Streichhölzer, Fallenstellen und Spuren lesen. Auch wie und

Der Lake Otjikoto (▸ S. 70) soll auch heute noch Waffen der Deutschen aus dem Ersten Weltkrieg bergen. Der Sage nach liegt hier sogar ein Safe mit Goldmark ...

für was man die Pflanzen im Veld verwenden kann, als Speise, als Gift oder auch als Farbe.
Tel. 0 67/22 27 89 • Tagesbesuch um 450 N$ mit Lunch
70 km nördl. von Tsumeb, Straße nach Tsintsabis, dann 6 km auf der D3016

◎ Ombili ▸ S. 149, E 2

Aus einer privaten Hilfsaktion für San, die während des Bürgerkriegs auf Seiten der Südafrikaner gekämpft und mit der Unabhängigkeit Namibias ihre Existenzgrundlage verloren hatten, entwickelte sich die Ombili-Stiftung als eines der größten Hilfsprojekte für die Buschleute. Mehrere Hundert Menschen leben inzwischen auf der Farm Ombili, lernen dort, Felder zu bestellen oder ein Handwerk, die Kinder gehen in den farmeigenen Kindergarten oder besuchen die Schule. Das relativ strenge Regiment auf der Farm ist umstritten, weil es die San entmündigt. Allerdings sind die sonst unter den entwurzelten Buschleuten weit verbreiteten Probleme mit Alkohol hier völlig unbekannt. Man kann Ombili nach Voranmeldung besuchen und an einer Führung teilnehmen; die von den Frauen hergestellten Körbe und Mobiles geben schöne Souvenirs ab.
Tel. 0 67/23 00 50 • www.ombili.de • Spende erbeten
100 km nordwestl. von Tsumeb an der D3001

Grootfontein ▸ S. 149, F 2

15 000 Einwohner

Kaum in die Stadt gefahren, verlässt man sie schon wieder. Die reichen Viertel breiten sich nach Norden hin aus, die Viertel der Armen ziehen sich nach Süden hin weg von der Straße. Die Stadt der »Großen Quelle« wurde von Dorslandtrekkern ge-

Einführung ins Buschmannleben: Hier zeigt ein Mitglied der Stammesgruppe der San im Living Museum (▶ S. 74), wie ein traditioneller Buschmannbogen hergestellt wird.

gründet, die in den 1870er-Jahren Transvaal verließen, um der englischen Herrschaft zu entgehen, in Nordnamibia die Republik Upingtonia gründeten und Grootfontein zur Hauptstadt erklärten. Durch Krankheiten und Wassermangel scheiterte die Utopie nach 24 Monaten. Von Mai bis Juli 1915 avancierte die Siedlung noch einmal zur Hauptstadt, diesmal von Deutsch-Südwest (aber nur, weil die Südafrikaner bereits Windhoek besetzt hatten). Der Flugplatz versorgte in den 1980er-Jahren die südafrikanischen Militärbasen bei ihrem Kampf gegen die Widerstandskämpfer in Angola, heute ist er verfallen. Auf einem Hügel über dem Ort wurde 1896 das Schutztruppen-Fort errichtet und 1922 erweitert. Nach Jahren des Verfalls zog schließlich auf Initiative mehrerer privater Förderer das Museum ein.

MUSEEN

Museum Alte Feste

Die Ausstellung beleuchtet das Leben in der Region mit zahlreichen

Postkarten und einer Unmenge an Hausrat und Farmausstattung wie einer fahrbaren Brauerei. Die Mineraliensammlung gilt als vorzüglich.
Erikson Street • Mo–Fr 9–12.30 und 14–16.30, im Winter bis 16 Uhr • Eintritt 20 N$

ÜBERNACHTEN
Gästefarm Dornhügel
Gemütlich und informativ • Komfortable Zimmer auf einer Rinderfarm. Die herzlichen Gastgeber unterbreiten Vorschläge für Unternehmungen in die Umgebung (Buschmannland) und führen in die Farmwirtschaft ein. Schwimmbad. Preise inklusive Halbpension und Aktivitäten.
40 km nordwestl. von Grootfontein • Tel. 0 67/24 04 39 • www.dornhuegel.de • 5 Zimmer • €€€

ESSEN UND TRINKEN
Meteor Travel Inn
Deftige Küche • Restaurant mit Bar und Biergarten mitten im Ort. Auf der Speisekarte die Landesstandards mit viel Fleisch, aber auch leichte Mahlzeiten.
Hage Geingob Street • Tel. 0 67/24 20 78 • €€

Ziele in der Umgebung
◎ **Hoba Meteorit**   ▸ S. 149, F 2
Der weltweit größte bekannte Meteorit wiegt fast 60 t und fiel vor etwa 80 000 Jahren auf die Erde. Sein Alter wird auf rund 200 Mio. Jahre geschätzt. Seit 1920 weiß man von dem Ungetüm aus dem Weltall, das zu 82 % aus Eisen besteht.
Di, Do–Fr 16–18, Mi 9–11 Uhr • Eintritt 10 N$
16 km westl. von Grootfontein über die D2859

Tsumkwe   ▸ S. 150, B 6
500 Einwohner

Die verschlafene Kleinstadt selbst wäre nicht die geringste Aufmerksamkeit wert, wäre sie nicht Zentrum des Buschmannlandes, politisch korrekter ausgedrückt des Lebensraums der San. Die in Namibia massiv marginalisierten Jäger und Sammler sind Nachkommen der Urbewohner des südlichen Afrika; ihre Schweifgebiete wurden durch die Einwanderung anderer Völker wie der Herero oder Nama sowie durch die Kolonisierung immer weiter eingeschränkt. Im modernen Namibia haben die San ebenfalls kaum Fürsprecher; sie selbst sind entwurzelt und beschäftigungslos, hilflose Opfer des Alkohols, und so scheint diese uralte Kultur buchstäblich zu verschwinden. Rund um Tsumkwe gibt es allerdings einige engagierte Projekte, die das Überleben der San zu sichern versuchen.

MUSEEN
Living Hunter's Museum der Ju/Hoansi
Auch diese Initiative einer Dorfgemeinschaft wurde mithilfe der Living Culture Foundation auf den Weg gebracht. Neben Tanz, Gesang und dem Sammeln von Veldkost bieten die San hier ganztägige Pirschwanderungen zum Spurenlesen und Jagd-

ausflüge an, bei denen sie mit traditionellen Techniken und Waffen Wild erlegen.

35 km nördl. von Tsumkwe an der D3315 • www.lcfn.info • ganztägige Jagd 200 N$

Living Museum der Ju/Hoansi

Beim Dorf Grashoek entstand das erste »Living Museum« in Namibia. Das nachgebaute Grashüttendorf zeigt die traditionelle Siedlungsweise der San sowie deren traditionelle Lieder und Tänze. Sie gehen mit Besuchern auf Pirsch und verkaufen selbst angefertigten Schmuck, Waffen und Korbwaren.

Grashoek, 170 km westl. von Tsumkwe an der C44 • www.lcfn. info • 1,5 Std. Pirschwanderung 150 N$

ÜBERNACHTEN

Nhoma Safari Camp

Am Puls der Wildnis • Das Zeltcamp in typischer, mit Trockenwald bestandener Landschaft verbindet das Abenteuer mit allen hier vorstellbaren Annehmlichkeiten. Zum Programm des Camps gehören verschiedene geführte Aktivitäten und Ausflüge in den Khaudom National Park. Nur nach Voranmeldung!

80 km nordwestl. von Tsumkwe • Tel. 0 81/2 73 46 06 • www.tsumkwel. iway.na • 10 Luxuszelte, 15 Kuppelzelte • €€€€

Tsumkwe Country Lodge

Luxus im Buschmannland • Die ehemalige Tsumkwe Lodge am Ortsrand des Städtchens präsentiert sich nach einem Facelifting mit 22 modern ausgestatteten Zimmern, einem reetgedeckten, luftigen Essensbereich und einer wildsicheren Ein-

zäunung, die Elefanten draußen hält. Zu den Aktivitäten zählen Exkursionen in den Khaudom National Park oder zu den wildreichen Nyae Nyae Pans sowie Besuche in San-Dörfern. Buchung über Namibia Country Lodges • P.O. Box 6597, Windhoek • Tel. 0 61/37 47 50 • www.namibia lodges.com • €€€

Ziele in der Umgebung
◎ **Khaudom National Park**
▶ S. 150, B 5/6

Nördlich von Tsumkwe erstreckt sich mit dem Khaudom National Park eine völlig ursprüngliche, wildreiche Naturlandschaft, deren tiefsandige Pisten nur mit einem Geländewagen befahren werden können. Die beiden Rastlager im Nationalpark, Sikereti im Süden und Khaudom nahe dem nördlichen Ausgang, werden nicht mehr unterhalten; man kann dort aber campieren und Wasservorräte ergänzen. Die typische und teils sehr dichte Vegetation besteht aus Dolfholz-, Seringa- und Mopanebäumen; nach der Regenzeit steht das Gras hüfthoch. Es ist also nicht einfach, das zahlreiche Wild – neben Elefanten und vielen Antilopenarten auch Typfelhyänen, Wildhunde und Löwen – zu beobachten. Von Alleingängen ist dringend abzuraten; schließen Sie sich besser einer organisierten Tour an!

WUSSTEN SIE, DASS...

... wesentlich mehr Menschen in Afrika Flusspferd-Attacken zum Opfer fallen als Begegnungen mit Raubkatzen? Wenn die Tiere ihren Fluchtweg zum Wasser versperrt sehen, greifen sie an.

Eintritt 40 N$, Fahrzeug 10 N$, zu entrichten bei den Rangern in Sikereti 50 km nördl. von Tsumkwe

Katima Mulilo   ▶ S. 151, E 5
30 000 Einwohner

Die Grenzstadt am Sambesi hat in erster Linie Bedeutung als Marktort und Ausgangspunkt für Touren in die umliegenden Nationalparks, zu den Victoriafällen und nach Botswana. Hier begegnet der Besucher jenem Afrika, das sonst in Namibia eher zu kurz kommt: lebhaftem Treiben in den Straßen, einem bunten Markt, Läden, Kneipen und viel Verkehr. Idyllisch wird's dann am Sambesi, wo man im Zambezi River Hotel zumindest zu einem romantischen Sundowner einkehren sollte.

ÜBERNACHTEN/ESSEN UND TRINKEN
Zambezi River Hotel

Jenseits von Afrika • Zwar sind die Zimmer schon etwas in die Jahre gekommen, aber die Lage am Fluss ist fantastisch und die Sundowner-Bar ein Genuss! Im Restaurant wird schnörkellos und mit viel Fleisch gekocht.
Ngoma Road • Tel. 0 66/25 31 49 • www.proteahotels.com • 27 Zimmer • €€€

Ziele in der Umgebung
◎ **Mamili National Park**
▶ S. 151, D 5/6

Kern des 35 000 ha großen Nationalparks ist ein von den Flussarmen des Linyanti gebildetes Sumpfgebiet, dessen Wild- und Vogelreichtum fantastisch sind. Man kann den Nationalpark nicht auf eigene Faust besuchen, sondern muss sich einer geführten Tour anschließen, wie sie beispielsweise die Lianshulu Lodge

(▶ S. 75) anbietet und die meist in einem traditionellen Einbaum, dem Mokoro, durchgeführt wird. Zu sehen sind Elefanten, Büffel, Flusspferde und die Sumpfantilope Sitatunga sowie Fischadler, Klunkerkraniche und Afrikanische Zwerggänse.
Eintritt 40 N$, Fahrzeug 10 N$
100 km südwestl. von Katima Mulilo an der D3511, Zufahrt über Sangwali Ranger Station

◎ **Mudumu National Park**
▶ S. 151, D 5

Doppelt so groß wie Mamili, besteht dieser Nationalpark, der sich ebenfalls am Ufer des Kwando (der später Linyanti heißt) hinzieht, aus Mopane-Baumsavanne und Galeriewäldern am Flussufer. Im Herzen des Parks und direkt am Kwando liegt die Lianshulu Lodge (▶ S. 75), die hier wie im Nachbarpark Gamedrives und Bootsfahrten organisiert. Aber auch auf eigene Faust kann man in Mudumu Wild erspähen, besonders entlang des Flusses, wohin die Elefanten gerne kommen.
Eintritt 40 N$, Fahrzeug 10 N$
130 km südwestl. von Katima Mulilo, Zufahrt über die Ranger Station an der C49

ÜBERNACHTEN
Lianshulu Lodge

Luxus zwischen Wasser und Busch • Die Lodge im Nationalpark am Ufer des Kwando unter englischer Leitung ist ein hoch komfortabler Traditionsbetrieb, der sich seit Jahren für die lokalen Gemeinschaften und den Naturschutz engagiert. Die Gamedrives zu Boot sind wahrlich unvergesslich.
Tel. 0 64/40 35 23 • www.lianshulu. com • €€€€

Der Westen

Die teils putzigen architektoni-
schen Zeugnisse der kolonialen Vergangenheit und majes-
tätische, endlose Landschaften geben sich hier zwischen
südlichem Atlantik und Namib-Wüste ein Stelldichein.

◄ Unter dramatischem Himmel ragt die Spitzkoppe (▶ S. 81) aus der flachen Wüste hervor.

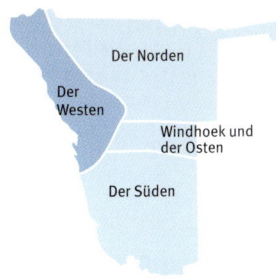

Der Norden

Der Westen

Windhoek und der Osten

Der Süden

Die Region zwischen Windhoek und der Atlantikküste ist geprägt von sehr kontrastreichen Landschaften. Gen Westen senkt sich das zentralnamibische Hochland über mehrere Gebirgsstufen von seinen knapp 1800 m Höhe hinunter zur tief liegenden Landschaft der Namib. Hier erlebt der Reisende, dass der Begriff Wüste sehr weit zu fassen ist: Mal besteht sie aus bis an den Horizont reichenden Ebenen, dann wieder aus hintereinander gestaffelten Inselbergen oder aus kargen und bizarr erodierten Gebirgen – und sogar hier wird Viehwirtschaft betrieben! Wie Inseln sind die Siedlungen in großen Abständen in die Landschaft getüpfelt, Kuppen ragen hoch aus den Ebenen, und Krater sind so groß, dass man sie gar nicht wahrnimmt. Was kann man mit den riesigen Räumen machen? Der Natur das zurückgeben, was sie selbst erhalten kann! Immer mehr Farmer gehen dazu über, ihre Gebiete unter den Maßgaben des Naturschutzes zu organisieren, nicht Vieh, sondern Wild grast nun auf den Savannen abseits der Küste. Diese »Conservancies« stellen das durch die Weidewirtschaft gestörte ökologische Gleichgewicht wieder her und sind zugleich wichtige touristische Attraktionen. Denn wo wie im Erongo früher Rinder das spärliche Gras fraßen, tun sich heute Spitzmaulnashörner und Giraffen daran gütlich. Die Namib-Wüste reicht bis an den Atlantik, und so ist auch die Küstenlinie kahl und leer und für die Menschen lebensfeindlich. Für die ersten Siedler aus Über-

see war es ein Schock, nichts als Wüste, karger Fels, spärliche Grasnarben und Dornen. Und doch entstand hier die sicherlich hübscheste Stadt Namibias, die Sommerfrische Swakopmund (▶ S. 82).

Omaruru   ▶ S. 149, D 3

7000 Einwohner

Der Ort beidseits des Omaruru Riviers am nördlichen Rand des Erongo-Massivs zeigt sich überraschend grün. Auch wenn der Fluss in der Trockenzeit kein Wasser führt, ist in seinen Sanden genug Feuchtigkeit gespeichert für die Akazien und Eukalyptusbäume. Omaruru, das heute dank seiner malerischen Lage zu einem beliebten Künstlerort avancierte, hat eine dramatische Geschichte: 1896 wurde im Ort eine Militärgarnison gebaut, die die Herero 1904 belagerten. Von Gibeon im Süden des Landes machte sich eine Kompanie unter Hauptmann Franke auf, um den Bedrängten zu helfen. Nach 19 Tagen und 900 km Marsch konnte Omaruru befreit werden. Der Ort, dessen Name in Herero »bittere Dickmilch« bedeutet – eine Anspielung auf die Tatsache, dass hier weidende Rinder wegen einer besonderen Pflanze bitter schmeckende Milch gaben –, ist ein heiliger Platz für die Herero der Zeraoua-Abstammungslinie. Jedes Jahr im Oktober treffen sie sich zum Ahnengedenktag. Im Gegensatz zum großen Fest der Maharero-Herero von Okahandja sind Fremde dabei nicht gern gesehen.

SEHENSWERTES
Franke Tower

Als Wehrbefestigung nach dem Hererokrieg errichtet, wurde der Turm mit einer Metallschale auf dem Dach ausgerüstet, in der ein Feuer alle wehrfähigen Männer zusammenrufen sollte; doch wurde dies nie notwendig. Eine Kanone am Eingang zeugt vom kriegerischen Geist der damaligen Zeit.
Monument Road

ÜBERNACHTEN
Kashana Guesthouse

Künstlerflair • Hübsche Anlage am Ufer des Omaruru mit luxuriösen Chalets, teils von namibischen Künstlern eingerichtet. Auf dem Gelände stellen zahlreiche Kunsthandwerker ihre Arbeiten aus, eine Galerie widmet sich der Kunstszene des Städtchens. Französisch inspiriertes Restaurant, Schwimmbad und Aktivitäten wie Eselkarrentouren.
Dr. Ian Scheepers Drive • Tel. 0 61/ 57 14 34 • www.kashana-namibia. com • 9 Zimmer und Chalets • €€€

Central Hotel

Bodenständig • Im Zentrum. Großzügige Zimmer mit komfortabler Möblierung, ruhig um einen Pool gruppiert. Restaurant, Biergarten und Treffpunkt der deutschsprachigen Bewohner des Umlandes.
Wilhelm Zeraua Road • Tel. 0 64/ 57 00 30 • g.redler@iway.na • 19 Zimmer • €€

ESSEN UND TRINKEN
Sand Dragon

Lockere Atmosphäre • Souvenirs und Essen: An den Tischen inmitten des Andenkenladens werden afrikaanse Speisen serviert. Es gibt viel Fleisch und Gemüse aus dem eigenen Garten als leichte Mahlzeiten oder gediegene Menüs.
Wilhelm Zeraua Road • Tel. 0 64/ 57 07 07 • €€

EINKAUFEN
Handmade Chocolates

In der ehemaligen Omaruru Bakery werden heute feinste Pralinen hergestellt und verkauft.
Industrial Road

Tikoloshe Afrika

Die Holzschnitzer haben ihre Ausbildung im Norden des Landes erhalten und bearbeiten vornehmlich altes Wurzelholz zu teils bizarren Skulpturen, schaffen aber auch kleinere Holztiere, die sich besser fürs Fluggepäck eignen. Allerdings kann man sich die großen Arbeiten auch nach Europa schicken lassen.
Wilhelm Zeraua Road

Ziele in der Umgebung
◎ Brandberg ▶ S. 148, C 3

Von Weitem kündigt sich das dunkle Gestein des Gebirgsstockes an. Er ragt 2000 m über die Ebene, der Königstein ist mit 2574 m die höchste Erhebung Namibias. Bei einem Durchmesser von 20 km an der Basis bedeckt das Gebirge 450 qkm. Die Anfahrt über staubige Pisten endet am Parkplatz, von dem aus es mit einem Führer in 20 Minuten zur berühmtesten Felsmalerei Namibias geht: The White Lady. Die 1918 von Bergsteigern entdeckte »Weiße Da-

Die Erongo Mountains (▶ S. 80) sind mit ihren Felsmalereien sowie dem vielfältigen Tierbestand für Kulturinteressierte ebenso interessant wie für Naturliebhaber.

me« ist allerdings ein mit Pfeil und Bogen bewaffneter Mann, die weiße Bemalung war einem Ritual geschuldet. Umgeben ist die rätselhafte Figur von Darstellungen des Jagdwildes, darunter eine Antilope mit menschlichen Hinterbeinen. Einige Wissenschaftler halten dies für einen Hinweis darauf, dass San die Schopfer dieser Felsbilder waren. In den Trance-Zeremonien, mit denen sie sich auf die Jagd vorbereiten, verwandeln sie sich in das Wild, das gejagt werden soll. Etwa 200 000 Felsbilder und Gravierungen gibt es am Brandberg, nur ein Bruchteil ist katalogisiert. Wie das Erongo geht der Brandberg auf die Post-Karoo-Zeit vor 130 Mio. Jahren zurück, nur dass er vollständig aus magmatischem roten Granit besteht, weswegen er in Morgen- und Abendsonne rot leuchtet (was ihm seinen Namen einbrachte). Berühmt ist die Region für ihre in den Minen geförderten Quarzkristal-le und Halbedelsteine, die Händler im nahen Uis Mine anbieten.

135 km westl. von Omaruru

ÜBERNACHTEN
White Lady Lodge

Malerisch gelegen • Aus Stein gebaute Bungalows mitten im Busch zu Füßen des Brandberges. Nur mit Halbpension, aber auch Camping. Anfahrt von Uis über C35 und D2359 (38 km) • Tel. 0 64/68 40 04 • www.brandbergwllodge.com • 23 Zimmer • €€€

SERVICE
TOUREN
Daureb Mountain Guides

Informationen und Führer für Touren und Entdeckungen im Brandberg-Massiv. Es wurden auch Bergführerinnen im Rahmen eines Entwicklungsprojekts ausgebildet. Anfahrt von Uis über C35 und D2359 (42 km)

Auf dem Gelände der Ameib Ranch (▶ S. 82) liegen die Gesteinsformationen Bull's Party – ein Eldorado für Fotografen und Naturliebhaber.

◎ Erongo Mountains

▶ S. 149, D 4

Das Erongo Gebirge breitet sich südlich von Omaruru bis hin nach Usakos in Form eines Ringes aus, der nur von seiner nördlichen Seite aus zugänglich ist. In der Post-Karoo-Zeit vor 130 Mio. Jahren brach der Urkontinent Gondwana auseinander, die Erdkruste öffnete sich, Magma strömte an die Oberfläche und härtete aus. Das Gewicht sorgte für den Kollaps des Untergrundes. Anschließend trat ringförmig um die Einbruchsstelle granitisches Magma aus und schuf den heutigen Krater. Das Erongo hat einen Durchmesser von 40 km und ragt an seiner höchsten Stelle über 1000 m aus der Ebene auf. Als markanter Landschaftspunkt war es bereits von San bewohnt, die Felsmalereien und Gravierungen hinterließen. Sie sind im Krater auf dem Gebiet der komfortablen Ai Aiba Lodge (▶ S. 80), der Gästefarm Eileen und der Erongo Lodge sowie an seiner Südseite bei Usakos auf dem Gebiet der Ameib Ranch (▶ S. 82) zu bewundern. Das Farmland im Krater ist unter dem Namen Erongo Mountain Nature Conservancy zu einem Schutzgebiet mit reichem Wildbestand zusammengefasst.

40 km westl. von Omaruru

ÜBERNACHTEN

Ai Aiba Lodge

Komfort in Urlandschaft • An einer Granitwand über dem Krater genießt man von den Terrassen der Chalets und vom Hauptgebäude einen weiten Blick in den Krater. Erkundungen zu Malereien und Gravierungen, Wildbeobachtung. Schwimmbad.

45 km westl. von Omaruru an der D2315 • Tel. 0 64/57 03 30 • www.aiaiba.com • 20 Zimmer • €€€

Karibib   ▶ S. 149, D 4

7000 Einwohner

Am 1. Juli 1900 erreichten die Eisenbahnschienen Karibib, das war das Gründungsdatum des Ortes. Da nur tagsüber gefahren wurde, ließ man hier Fahrgäste auf dem Weg von der Küste nach Windhoek in den sechs Hotels übernachten. Die 1904 entdeckten Marmorvorkommen machten Karibib über die Grenzen des Landes hinaus bekannt. Besonders hart und mit schöner Zeichnung geschmückt galt er als konkurrenzfähig zu den besten Sorten. Auch der Frankfurter Flughafen erhielt eine Verkleidung mit dem Stein aus Karibib. Eine Goldmine sorgte für weiteren Schub in der Entwicklung. Mit dem Ansteigen des Goldpreises in jüngster Zeit rentiert sie sich verstärkt, sogar eine weitere Mine wurde eröffnet, und rege Bautätigkeit in diesem Zusammenhang sorgt im Städtchen für Wohlstand. Einige historische Gebäude sind renoviert, darunter die heutige Bäckerei und eine Bank. Die Christuskirche wurde nach Plänen des in »Südwest« viel beschäftigten Regierungsbaumeisters Gottlieb Redecker von den Farmern erbaut und 1910 geweiht. Nicht weit entfernt finden sich auf dem Alten Friedhof noch einige Gräber aus der Kolonialzeit. Ein kleines privates Museum zeigt Gegenstände aus der Kolonialzeit.

EINKAUFEN

Henckert Tourist Center

Anlaufstelle für die Durchreisenden mit Kaffee, leichten Mahlzeiten und einem der besten Mineralien- und Halbedelsteinläden des Landes (▶ S. 33). Eine Weberei für Karakulteppiche ist angeschlossen.

38 Hidipo Hamutenya Road • Tel. 0 64/55 07 00 • www.henckert.com

Ziele in der Umgebung

◎ **Spitzkoppe**   ▶ S. 149, D 4

Auf dem Weg von Karibib nach Swakopmund erscheinen rechter Hand wohlgerundete Kuppen, eine überragt von einem schroff erodierten Felsgipfel. Die Große und die Kleine Spitzkoppe, Inselberge, unterirdisch durch vulkanische Tätigkeit vor 100 Mio. Jahren entstanden, sind durch Erosion an die Oberfläche gelangt. Mit einer Höhe von 1728 m und 1572 m ragen sie bis 1000 m aus der umgebenden flachen Wüste. Sie sind eines der Kletterparadiese Namibias. Starke Winde von der Küste, die den feinen Sand der Namib mit sich führten, formten die Landschaft. Der »Windschliff« sorgte für die Entstehung der an Pilze erinnernden Felsen. Bodennah transportierte der Wind mehr Sand, und die Erosion an der Basis war damit stärker als weiter oben. Die Spitzkoppe ist kommunales Land und wird von Damara verwaltet, die einfache Hütten und Zeltplätze vermieten, den Zugang regeln und Führer zu den zahlreichen San-Felsmalereien stellen – wie zum Bushman's Paradise, einem Amphitheater aus Granitformationen mit Überhängen und einer tollen Aussicht.

85 km westl. von Karibib

ÜBERNACHTEN/AUSKUNFT

Spitzkoppe Restcamp

Zeltplätze, kleines Restaurant und Führer zu den Felsmalereien an der Spitzkoppe.

95 km westl. von Karibib über B2 und D1918

◎ White Elephant/Bull's Party
▸ S. 149, D 4

Auf dem Gebiet der Ameib Ranch liegt, in einem 30-minütigen Spaziergang erreichbar, die Phillips-Grotte mit der berühmten Felsmalerei »White Elephant«. Die mit künstlerischer Qualität ausgeführte Arbeit ist mehrere hundert Jahre alt. Weitere Malereien zeigen Jagdszenen. Die beeindruckenden Granitformationen von Bull's Party sind ein ausgezeichneter Platz, alle nur erdenklichen Erosionsformen zu studieren. Als das Gestein noch mit Sedimenten bedeckt war, zerlegte es das Grundwasser bereits in Würfel und Quader. Mit der Erosion der Oberfläche gelangten diese in die Wirkung des Wetters. Deutliche Temperaturunterschiede, Winde und Regen teilten den Granit weiter und sorgten für die heutigen, die Fantasie beflügelnden Formen wie den »Elephant's Head«. Murmeln gleich liegen perfekt gerundete Steine in jeder Größe in der Granitlandschaft (»Wollsackerosion«). Die zahlreichen Kernsprünge entstanden durch starke Sonnenerwärmung bis in Tiefen des Gesteines und unmittelbare Abkühlung der äußeren Bereiche durch heftige Regenfälle. Granitwannen vertieften sich über Zehntausende Jahre durch die Ansammlung von Regenwasser, das kleinste Teilchen auslöst; das Wasser verdunstet, der Wind trägt den verbliebenen Granitgrus ab.

Tagesbesucher Eintritt 50 N$
55 km westl. von Karibib

ÜBERNACHTEN
Ameib Ranch

Einfach und bequem • Am südlichen Rand des Erongo gelegen, praktisch eingerichtete Zimmer und Cottages, Wanderungen durch die bizarren Granitformationen, nur mit Halbpension. Auch Camping.

Tel. 0 64/53 08 03 • www.natron.net/tour/ameib • 16 Zimmer • €€

Swakopmund ▸ S. 148, C 4

28 000 Einwohner
Stadtplan ▸ S. 83

Unmerklich aber stetig geht es vom Hochland auf schnurgerader Straße durch die Wüste hinunter, bis sich plötzlich mit einer Palmenallee Swakopmund ankündigt. Breite Straßen und Häuser im Jugendstil mit pastellfarbenen Fassaden strahlen in der Sonne – wenn sie scheint. Häufig hängt morgens dichter Nebel am Himmel. Die entlang der Küste verlaufende Meeresströmung (Benguela-Strom) sorgt für das unwirtliche Wetter, und erst am Mittag blasen Winde die Nebel aufs Meer hinaus. Die Temperatur kann dann binnen Minuten um 20 °C hochspringen.

An der Mündung des Swakop Riviers setzte das Kanonenboot »Hyäne« am 4. August 1892 Baken und markierte damit das zukünftige Swakopmund. Im nächsten Jahr gingen 120 Mann der Deutschen Schutztruppe und 40 Siedler an Land. Immer häufiger kamen die Schiffe aus Deutschland. Brandungsboote brachten Waren und Menschen an den Strand. Eine fast 400 m lange Mole versandete und wurde durch eine Pier ersetzt, auf der eine Eisenbahn hinaus zu den Schiffen fuhr. Mit dem Ende der deutschen Kolonialzeit verloren die Hafeneinrichtungen an Bedeutung, künftig kamen die Waren in Walvis Bay vom Schiff, die Pier verfiel, und Swakopmund wurde das, was es heute ist: ein beliebter Ferienort. Um 2000 begann

ein beispielloser Bauboom. Die Neu-
bauviertel ziehen sich 6 km nach
Norden die Küste entlang. Durch die
Deklaration des Dorob National
Parks rund um Walvis Bay und Swakopmund bis zum Skeleton Park
wurde weitere Bautätigkeit vorerst
unterbunden.

SEHENSWERTES

Aquarium 🛝👪

▶ Familientipps, S. 33

Bahnhof   ▶ S. 83, c 2

Der schönste Bahnhof der Welt zeigt
sich in elegantem Weiß im Neo-Re-
naissancestil. 1901 wurde der Bau als
Staatsauftrag von der Swakopmun-
der Handelsgesellschaft und ihrem
Architekten Carl Schmidt begonnen.
Das einstöckige Mittelgebäude sollte
von zwei zweistöckigen Seitenbau-
ten flankiert werden. Die Gesell-
schaft ging bankrott, der Architekt
Wilhelm Sander übernahm. Er fügte

den Glockenturm und damit wegbereitend ein romantisierendes Detail im wilhelminischen Stil hinzu.

Theo-Ben Gurirab Avenue

Dampftraktor »Martin Luther«

▶ S. 83, östl. c 3

Erinnerung an die Kolonialzeit ist der **Dampftraktor »Martin Luther«** am Stadtausgang von Swakopmund in einem kleinen Museum. »Hier stehe ich, ich kann nicht anders«, seit 1896 und nach nur wenigen Fahrten im Sand, er war einfach zu schwer.

Sam Nujoma Avenue, Ortsausgang

Hohenzollern-Haus   ▶ S. 83, b 3

Hoch über der reich geschmückten, eklektizistisch-neobarocken Fassade stemmt Atlas die Weltkugel in den Himmel. Die Ornamente wie Engel, Löwen und Masken an den Giebeln und Erkern wurden von kroatischen Stukkateuren geschaffen, die man für den Bau des Otavi-Bahnhofes ins Land geholt hatte. 1906 war das Hotel fertig, die Stadt aber schloss es bereits 1912, da das leichte Leben in ihm die wilhelminische Beschaulichkeit störte.

Tobias Hainyeko Street

Jetty   ▶ S. 83, a 3

Die Eisenkonstruktion ragt weit ins Meer hinaus, doch erreichte sie nie die 1912 geplante Länge von 640 m. Nur 240 m wurden fertiggestellt, dann kam der Krieg. 1983 schloss man die Landungsbrücke wegen Baufälligkeit, 2006 war die Sanierung des küstennahen Abschnittes der Jetty mit der Ersetzung der Eisen- durch eine Betonkonstruktion beendet, weitere Renovierungen erlaubten den Ausbau des Jetty-Kopfes zu einem Restaurant, das heute eines

der kulinarischen Glanzlichter der Stadt ist.

Strand Street

Marinedenkmal   ▶ S. 83, b 2

Zwei bronzene Marinesoldaten sind seit 1908 auf einem Granitfelsen drapiert und erinnern einseitig an die deutschen Opfer des Hererokrieges. Eine eingelassene Platte listet die Toten der Schiffe SMS Habicht und SMS Darmstadt auf.

Tobias Hainyeko Street

Mondesa   ▶ S. 83, östl. c 1

Rund 25 000 Menschen leben in der Township nordöstlich von Swakopmund, hinter sich die Namib-Wüste, vor sich die »weiße« Jugendstilstadt. Mondesa wurde als Wohngebiet der Schwarzen erbaut. Heute sind diese Rassengrenzen natürlich aufgehoben, doch die wirtschaftliche Situation zwingt die große Mehrheit, in den Wohngebieten zu bleiben. Eine Tour durch Mondesa macht mit dem anderen Swakopmund bekannt. Man unternimmt sie am besten in Begleitung eines kundigen Führers, wie sie z. B. Frau Shigwedha vermittelt. Begegnungen mit Herero, Nama und Damara, die Verkostung von Maisbier oder Mopane-Raupen, ein Besuch in einer Klinik oder einem Kindergarten sind ein spannendes Kontrastprogramm zur Sommerfrische Swakopmund.

Charlotte Shigwedha • Tel. 0 64/ 46 12 20 • www.facebook.com/ mondesatownshiptours oder Hata Angu cultural tours • www.cultural activities.in.na

Woermann Haus   ▶ S. 83, a/b 3

Die Woermann-Reederei besaß das Exklusivrecht für die Versorgung von Deutsch-Südwest, ihr Reeder ließ ein Schiff nach dem anderen auf Kiel legen und wurde mit dem regelmäßigen Frachtverkehr außerordentlich reich. Entsprechend war das Verwaltungsgebäude ausgestattet. Auf 40 x 45 m umschließt der 1905 fertiggestellte Komplex einen Arkadenhof mit neoromanischen Rundbögen. Der 25 m hohe Damara-Turm bietet gute Sicht über die Stadt (tagsüber, Eintritt 10 N\$). Im Gebäude befindet sich das Reservierungsbüro der Namibia Wildlife Resorts. Bismarck Street

MUSEEN UND GALERIEN

Kristall Gallery   ▸ S. 83, b 2

Beeindruckend ist das weltweit größte geborgene Kristallaggregat mit über 14 t. Eine nachgebaute Mine illustriert die Bedingungen, unter denen die Kristalle gefunden werden, und eine Ausstellung erklärt die in Namibia vorkommenden Abarten und deren Verarbeitung. Im Laden kann man die Kristalle erwerben.
Theo-Ben Gurirab Avenue • www. namibiangemstones.com • Mo–Sa 9–17 Uhr • Eintritt 20 N\$

Swakopmund Museum

▸ S. 83, a 2

Das Museum zeigt viel Interessantes zu Flora, Fauna und Geologie des Landes und zur Alltagskultur der deutschen Kolonie, darunter authentisch eingerichtete Zimmer. Ein Ochsenwagen vom Anfang des 20. Jh. ist ausgestellt, und ein Modell zeigt ihn mit vorgespannten Ochsen – 20 Stück waren notwendig, um ihn ins Hochland zu ziehen. Eine eigene Abteilung widmet sich den zahlreichen Ethnien des Landes, eine weitere dem Uranbergbau bei Rössing

50 km östlich (Besichtigungsfahrten werden vom Museum organisiert).
Ludwig Koch Street • tgl. 10–17 Uhr • www.swakopmund-museum.de • Eintritt 25 N\$

SPAZIERGANG

Karte ▸ S. 83

Vom **Bahnhof** auf der Theo-Ben Gurirab Avenue nach Westen bis zur Tobias Hainyeko Street kommt man zum **Alten Amtsgericht** in gelbem Gewand mit diversen Giebelvorbauten. Ursprünglich als Schule geplant, residierte hier ab 1909 das Gericht. An der nächsten Kreuzung, beim weiß-roten, 21 m hohen **Leuchtturm** (erbaut 1902/1910) an der Strandpromenade, befindet sich das **Stadtmuseum**. Hier steht auch das **Alte Bezirksamt** von 1902, heute Regierungsresidenz. Dahinter wurde für die im Hererokrieg kämpfenden Marinetruppen das **Marinedenkmal** aufgestellt. Auf der Bismarck Street nach Süden gehend, passiert man an der Sam Nujoma Avenue (ehemalige Kaiser Wilhelm Street) die **Ritterburg** von 1906 (Residenz des Direktors der Woermann Reederei Theodor Ritter) und das **Woermann Haus**. Ecke Anton Lubowski Avenue wurde das Prinzessin-Rupprecht-Heim von der gleichnamigen bayrischen Prinzessin als Lazarett dem Roten Kreuz gestiftet; heute dient es als Pension. Gegenüber beherbergte der wehrhafte Bau mit Zinnen die Zweite Eisenbahnbaukompanie, die die **Alte Kaserne** 1905 errichtete, da sie nicht mehr in Zelten wohnen wollte (heute Jugendherberge). Ein kurzer Abstecher führt an den Strand zur ehemaligen Landungsbrücke **Jetty** und 500 m nach Süden die Strand Street entlang zum

Klein, hübsch und übersichtlich ist Swakopmund (▸ S. 82). Die namibische Sommerfrische punktet mit altdeutschem Charme und netten Läden.

Aquarium. Nach Osten und an der Tobias Hainyeko Street wieder nach Norden kommt man zum **Hohenzollern-Haus** Ecke Libertina Amathila Street. Zurück an der Sam Nujoma Avenue folgt man dieser bis zum **OMEG Haus** und dem Otavi Bahnhof zwischen Lüderitz und Windhoeker Street. Während vom großen Bahnhof im Norden die Staatsbahn abfuhr, verließ hier der Zug der OMEG-Bahn Swakopmund.
Dauer: 1,5 Stunden

ÜBERNACHTEN

Swakopmund Hotel ▸ S. 83, b 2
Feiner Jugendstil • Im ehemaligen Bahnhof von 1901. Luxushotel mit allem Komfort, Kasino, Restaurants, Bar, Schwimmbad.
Theo-Ben Gurirab Avenue • Tel. 0 64/ 40 08 00 • www.legacyhotels.co.za • 90 Zimmer, 2 Suiten • €€€€

Rossmund Lodge ▸ S. 83, östl. c 2
Stadtnah im Grünen • Komfortabel möblierte, helle und freundliche Suiten am Swakoprivier und dem Golfplatz der Stadt, einer der weltweit fünf vollbegrünten Wüstenplätze mit 18 Löchern.
8 km östl. von Swakopmund • Tel. 0 64/41 46 00 • www.swakop resorts.com • 22 Suiten • €€€

The Stiltz ▸ S. 83, a 4
Pfahlbau am Strand • Die ökologisch korrekten Holzbauten stehen auf Stelzen am Strand. Das Frühstück im Haupthaus gilt als eines der besten der Stadt. Wer die Wüste liebt, mietet sich im Ableger **Desert Bree-**

ze mit Blick über das Swakoprivier und die Dünenwelt ein.
Strand Street • Tel. 0 64/40 07 71 • www.thestiltz.com • 9 Bungalows • €€€

Meike's Guesthouse   ▸ S. 83, c 2
Zauberhaft • B&B-Betrieb, freundlich und komfortabel eingerichtete Zimmer mit eigener Terrasse, die Rezeption hält persönliche Tipps für Unternehmungen in Stadt und Umgebung bereit.
Windhoeker Street • Tel. 0 64/40 58 63 • www.meikes-guest house.net • 8 Zimmer • €€

ESSEN UND TRINKEN
The Jetty   ▸ S. 83, a 3
Mitten im Meer • An keinem schöneren Ort kann man in ganz Swakopmund Fisch essen: In elegant-entspannter Atmosphäre hinter großen Glasflächen am Ende der Landungsmole im Ozean werden beste Fischgerichte und Sushi gereicht, das Personal ist ausgezeichnet geschult und der Weißwein zu den Austern so kühl, wie er sein sollte.
Jetty • Tel. 0 64/40 56 64 • €€€

Fish Deli Bistro   ▸ S. 83, b 3
Einfach und köstlich • Einige Tische, ein Kühlschrank für Wein und Bier und eine lange Theke mit allem, was man aus Fisch kreieren kann: von der Fisch-Quiche über Rollmops bis Sushi – und natürlich Austern.
Sam Nujoma Avenue • Tel. 0 64/46 29 79 • €

The Tug   ▸ S. 83, a 3
Maritimes Ambiente • Bei der Jetty in einem Schiffsrumpf auf dem Strand mit Terrasse. Wegen der guten Fischküche und der herrlichen Lage am Meer ist das Restaurant oft ausgebucht, deshalb reservieren.
Strand Street • Tel. 0 64/40 23 56 • €

Village Café   ▸ S. 83, b 3
Afrikanische Bohème • Verwinkeltes Lokal in afrikanischem Stil. Leichte Mahlzeiten sowie (Frühstück ab 7 Uhr) Kaffee mit Kuchen und Säfte nur tagsüber. An einigen Donnerstagabenden Livemusik mit Suppe.
Sam Nujoma Avenue • Tel. 0 64/40 47 23 • €

EINKAUFEN
Karakulia Weavers
▸ S. 83, nördl. b 1
Traditionsreiche Teppichweberei mit eigenen Designs und Arbeit

---

MERIAN-Tipp   8

FLYING FOX AM RÖSSINGBERG
▸ S. 148, C 4

Ein ganz besonderes Erlebnis ist die Seilabfahrt vom Rössingberg. Mit dem eigenen Fahrzeug oder mit African Adventure Balloons geht es hinauf auf 200 m Höhe über der Ebene und dann in einem Gurtgeschirr an einem Stahlseil hängend 1200 m weit und mit über 100 km/h wieder hinunter zu einem Glas Sekt, um die Fahrt auf dem schnellsten und längsten Abfahrtseil der Welt abschließend zu würdigen (Buchungen unter Tel./Fax 0 64/40 34 55, www.african balloons.com, 600 N\$). Wer es nicht so schnell mag, unternimmt mit der gleichen Firma eine Ballonfahrt über die Namib für 2750 N\$.
African Adventure Balloons
50 km östl. von Swakopmund

Am Cape Cross (▸ S. 89) nördlich von Swakopmund liegt die Kolonie der Zwergpelz-robben, die man schon von Weitem hört – und vor allem riecht.

nach Vorlagen der Kunden. Karaku-lia übernimmt auch die Verzollung und Verschiffung nach Europa.
2 Rakotoka Street • www.karakulia. com.na

Peter's Antiques ▸ S. 83, b 3
Neue und antiquarische Bücher aus der Kolonialzeit und Afrikana.
Tobias Hainyeko Street

Swakopmunder Buchhandlung
▸ S. 83, b 2
Hier findet sich alles, was es an Bü-chern über Namibia gibt.
Sam Nujoma Avenue

AM ABEND

Tiger Reef ▸ S. 83, a 4
In der Hochsaison wird in der Strandbar mit Livemusik und Cock-tails stilecht gefeiert, vornehm-lich junges Publikum. Angesagtester Platz von Swakopmund zum Relaxen.
Hinter dem Aquarium

SERVICE

AUSKUNFT

Touristeninformation Namib ▸ S. 83, a 3
Sam Nujoma Avenue • Tel. 0 64/ 40 48 27

NWR – Namibia Wildlife Resorts
▸ S. 83, a 3

Swakopmund Reservations Office
Private Bag 50/8, Swakopmund • Tel.
0 64/40 55 13 • www.nwr.com.na

Ministry of Environment and Tourism
▸ S. 83, a 3

Einfahrtsgenehmigungen für die
Namib-Wüste im Hinterland.
Swakopmund Office, Ritterburg •
Tel. 0 64/40 45 76 • Mo–Fr
8–13, 14–17, Sa und So 8–13 Uhr

Ziele in der Umgebung
◎ Cape Cross ⫯⫯ ▸ S. 148, C 4

Der portugiesische Seefahrer Diogo
Cão, der erste Europäer an dieser
Küste, ließ hier 1486 ein »padrão«
aufstellen, ein Steinkreuz, von dem
der Name des Kaps rührt. Heute ist
eine Replik zu sehen. Bis zu 100 000
Zwergpelzrobben tummeln sich entlang des Küstenabschnitts in einem
Schutzreservat (tgl. 10–17 Uhr, Eintritt 80 N$, 10 N$/Fahrzeug). Für
Groß und Klein ist es äußerst beeindruckend, dem sehr geruchsintensi-
ven Gewimmel zuzusehen. Alljähr-
lich findet unter Ausschluss von Besuchern das Culling statt, das Töten
eines Prozentsatzes an Jungtieren,
um die Population zu begrenzen –
und um die Felle zu verwerten. Tier-
schützer finden dies grausam, die
Fischindustrie (die Robben würden
das Meer leer fressen) und der Naturschutz halten es für notwendig.
110 km nördl. von Swakopmund

ÜBERNACHTEN
Cape Cross Lodge

Entspannung am Meer • In gehörigem Abstand vom Robbenreservat
steht die luxuriöse Unterkunft direkt
am Atlantik. Große Zimmer mit Terrasse zum Meer, ausgezeichnetes
Fischrestaurant (à la carte nur auf Anfrage), nur mit Halbpension.
Tel. 0 61/52 05 86 • www.capecross.
org • 26 Zimmer • €€€

◎ Hentjes Bay ▸ S. 148, C 4
2700 Einwohner

Das als Ferienort an der Mündung
des Omaruru in den Atlantik ent-
standene Städtchen mit seinen 2000
Einwohnern ist bei Anglern sehr beliebt. Bis zu 15 000 Gäste sind Weih-
nachten hier und werfen in endlosen
Reihen am Strand ihre Angeln aus.
70 km nördl. von Swakopmund

ÜBERNACHTEN
Byseewah Guest House

Angenehm und freundlich • Das gut
geführte, moderne Gästehaus liegt

MERIAN-Tipp 9

**NEUGIERIGE ROBBEN,
WALVIS BAY** ▸ S. 152, A 9

Nicht nur Kinder werden die aufre-
genden Motorbootfahrten in der
Bucht vor Walvis Bay mit Robben-
besuch lieben. Delfine begleiten
die Boote, Pelikane fliegen im
Sturzflug vorbei, um Fische zu er-
gattern. Sekt, Austern und andere
Häppchen bereichern die 3,5-
stündige Tour ebenso wie die
kurzweiligen Kommentare (teils
auch auf Deutsch). Reservierung
empfohlen!
Levo Tours • Abfahrt 8.30 Uhr an der
Tanker Jetty, Walvis Bay • Tel. 0 64/
20 75 55 • www.levotours.com •
500 N$, Kinder bis 12 Jahre 250 N$

etwa 200 m vom Strand entfernt und ist eine preiswerte und komfortable Unterkunft.
Tel. 0 64/50 11 11 • www.fishermans lodge.com.na • 9 Zimmer • €€

◎ Namib Desert Park

▸ S. 148, C 4

Die Namib, eine der ältesten Wüsten weltweit, wirkt auf den ersten Blick recht trostlos, doch im Kleinen wie im Großen existiert Leben. Insekten, Echsen und Schlangen bevölkern den Sand, die Steine sind mit Flechten bewachsen – Algen und Pilze, die eine komplizierte Symbiose eingegangen sind. Die Blätter der Welwitschia mirabilis schlängeln sich urzeitlich über den Wüstensand. Nur der Nebel bringt ihnen Feuchtigkeit. Seine Tropfen perlen an den Blättern ab und netzen den Boden. Über die Sand- und Geröllebenen ziehen Oryx-Antilopen, Strauße und Zebras, Schakale und Löffelhunde. Wasser finden sie in tieferen Schichten der Trockenflussbetten. Die Übernachtung auf den Zeltplätzen wie an der **Blutkuppe** (▸ MERIAN-Tipp, S. 13) oder bei Groot Tinkas sind ein unvergessliches Erlebnis. Für Fahrten an Canyons und aufgelassenen Minen vorbei, durch das »Moon Landscape« oder zur Wüstenforschungsstation Gobabeb abseits der drei Hauptstraßen durch die Namib vom Hochland nach Swakopmund (der asphaltierten B2 und den Pisten C14 und C28) ist eine Genehmigung des Ministry of Environment and Tourism nötig.
Östl. an Swakopmund anschließend

◎ Skelettküste ▸ S. 148, A 1–C 3

Die Skelettküste galt den Seefahrern als eine der trostlosesten Küsten. Immer wieder drückten Stürme Schiffe an Land, und die Besatzungen hatten in der wasserlosen Wüste, die sie dort empfing, keine Chance zu überleben. Nicht umsonst zeigt das Einfahrtsgatter in den 500 km langen Skeleton Coast National Park zwei Totenköpfe. Er bedeckt über 16 000 qkm und ist mit dem eigenen Fahrzeug auf der Küstenstraße zu entdecken. Von Windhoek aus werden Fly-in-Safaris mit Kleinflugzeugen und Übernachtungen in temporären Zeltlagern an besonders reizvollen Stellen organisiert.
Hohe Sanddünen und Geröllebenen bestimmen die Landschaften, nur an den Ufern der Riviere Ugab, Koigab, Uniab, Hoanib und Hoarusib wachsen Bäume. Die Steine und Felsen sind mit Flechten überzogen, die sich in der Sonne schmutzig grau geben. Herrscht Nebel, erweckt sie die Luftfeuchtigkeit, und sie leuchten in Orange, Grün und Schwarz. Berühmt ist die Skelettküste für ihre Wüstenelefanten, die sich der ariden Region angepasst haben und durch die Trockenflussbetten zwischen dem Damaraland und der Küste hin- und herwandern.
150–500 km nordwestl. von Swakopmund

ÜBERNACHTEN

Terrace Bay Camp/Namibia Wildlife Resort
Rustikal • Einfache Unterkunft in einem ehemaligen Diamantensucherlager. Anglerparadies in den Sanddünen. Ohne Buchungsbestätigung wird die Anfahrt am Parkeingang verweigert.
Terrace Bay • Buchung über NWR (▸ S. 47) • 20 Zimmer • €€
240 km nordwestl. von Swakopmund

Immer hungrig sind die Pelikane bei Walvis Bay (▶ S. 91), die sich über jedes Häppchen Fisch freuen, das sie nicht selbst aus den Fluten holen müssen.

SERVICE
TOUREN
Skeleton Coast Flyin Safaris

Flug in das Herz des Nationalparks und Übernachtungen am Kunene, bei Purros und beim Huab Rivier, all-inclusive auf dem luxuriösesten Niveau, das in der Wildnis nur möglich ist (4 Tage/3 Nächte um 4000 €). Shop 15b, Maerua Park, Windhoek • Tel. 0 61/ 22 42 48 • www.skeleton coastsafaris.com • €€€€

Walvis Bay   ▶ S. 148, C 4

60 000 Einwohner

Die zweitgrößte Stadt des Landes am einzigen natürlichen Hafen an der Nordküste präsentiert sich mit Häusern in hellen, freundlichen Farben, mit breiten Straßen, bestanden mit Araukarien und Palmen. Walvis Bay ist eine umtriebige Handelsstadt, in der die Waren von den Schiffen umgeschlagen und auf den Transkalahari Highway gebracht werden. Die Lagune ist für ihren Vogelreichtum berühmt.

ÜBERNACHTEN/ESSEN UND TRINKEN
Protea Hotel Burning Shore

Promifaktor • Luxuriöses Hotel auf halbem Weg zwischen Walvis Bay und Swakopmund am Strand, bekannt geworden durch Brad Pitt und Angelina Jolie. Gutes Restaurant. Long Beach • Tel. 0 64/20 75 68 • www.proteahotels.com • 12 Zimmer und Suiten • €€€–€€€€

Lyon des Sables

Vive la France • Der Shootingstar der Köche Namibias ist Franzose und verbindet die Traditionen seiner Heimat mit den Essenzen des Wüstenlandes. Einfallsreich, sehr lecker und hochprämiiert. Waterfront • Tel. 0 64/22 12 20 • €€€

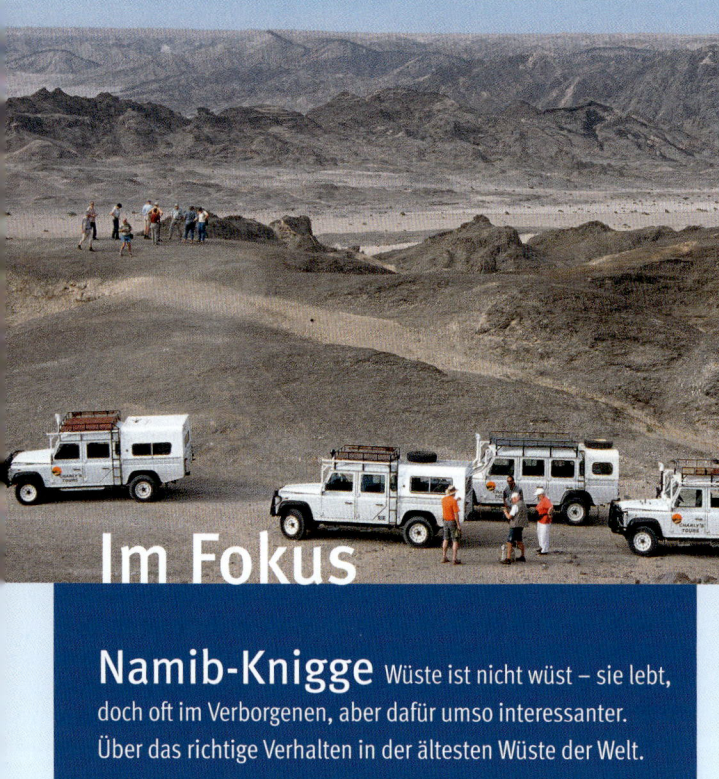

Im Fokus

Namib-Knigge
Wüste ist nicht wüst – sie lebt, doch oft im Verborgenen, aber dafür umso interessanter. Über das richtige Verhalten in der ältesten Wüste der Welt.

Sie gilt als älteste Wüste der Welt: Die Namib schiebt ihren unwirtlichen Riegel auf der ganzen Länge Namibias zwischen Hochland und Atlantik. Lange Zeit verhinderte dieser Wüstenstreifen, dass Entdeckungsreisende wie die bereits im 15. Jh. zu Schiff angeländeten Portugiesen merkten, dass sich hinter der Einöde wildreiches Land verbarg. Dass die Namib noch besteht, ist nicht dem Menschen zu danken. Nur ihre Unwirtlichkeit hat sie wenigstens teilweise vor Zerstörung bewahrt. Dort wo der Mensch zugange war, im Diamanten-Sperrgebiet oder am Rössingberg, wo Uran abgebaut wird, hat er das Unterste zuoberst gekehrt und eine verwundete Land-

schaft hinterlassen. Dort wo die Namib nur eingeschränkt geschützt ist, haben Offroad-Fahrer ein Spinnennetz an Spuren gelegt. Wer mit dem Flugzeug darüber hinwegfliegt, kann die Störungen im fragilen Ökosystem der stillen, würdevollen Landschaft verstehen. Die vom Menschen und seinen Fahrzeugen hinterlassenen Spuren in der Namib bleiben über Jahrzehnte unverändert. Kein Wind, kein Regen macht sie vergessen. Und die Mikroorganismen sowie die Wüstenpflanzen, die in Mitleidenschaft gezogen wurden, können sich nicht mehr erholen. So ist der Naturschutz heute sehr strikt und rigide und verlangt vom Besucher die Einsicht, dass er nur

◄ Karg ist die steinige Namib-Wüste (▸ S. 96), die älteste Wüste der Welt.

Gast sein kann und nichts verändern darf, um die delikate Balance zu wahren, die das Leben in der Wüste aufrechterhält. Bestimmte Bereiche der Namib wie die nördliche Skelettküste sind generell für die breite Öffentlichkeit gesperrt. Nur in kleinen Gruppen und mit dem Flugzeug darf man hinein und nächtigt in Camps, die jederzeit wieder abgebaut werden können. Kahl wirkt die Landschaft, bar jeglichen Lebens. Doch wer genauer hinsieht und den Geschichten der Ranger lauscht, für den erschließt sich ein Gemälde voller Lebendigkeit.

Überlebensstrategien

Insekten und Schlangen hinterlassen Spuren im Sand, jagen und verstecken sich. Der Tenebrio-Käfer reckt seinen Hinterleib in die neblige Luft, lässt den Tau seinen Körper entlang zum Schlund rinnen und trinkt. In wilder Flucht rollt der Wheelspider mit angeklappten Beinen eine Düne hinab – unerreichbar für seine Feinde; ein Erdhörnchen nutzt seinen buschigen Schwanz als Sonnenschirm, und der Goldmaulwurf denkt gar nicht daran, an die Oberfläche zu kommen, er schwimmt in den kühleren Sandschichten seinem Ziel entgegen. Oryx-Antilopen und Schakale traben über die Ebenen, Elefanten ziehen die Riviere entlang auf der Suche nach Wasser. All diese Tiere haben sich extrem an die Wüste angepasst, die Störung ihres strengen Tagesablaufs fügte ihnen Schaden zu und machte sie aggressiv. Nur aus gehöriger Entfernung also sollte man die kleinen und großen Tiere der Wüste bewundern. Die Urweltpflanze Welwitschia, ein wirres Bündel zweier sich zerfleddernder Blätter, lebt vom Niederschlag des Nebels auf das Knäuel, der zu Boden tropfend vom knapp darunter verlaufenden, feinst verzweigten Wurzelwerk aufgenommen wird. Wer den Wurzeln mit dem Auto oder auch zu Fuß zu nahe kommt, zerstört sie und die ganze Pflanze – und damit 1500 Jahre Wachstum, denn so alt wird die Welwitschia mirabilis. Grau sehen manche Steine aus, doch sobald Nebel sie befeuchtet, ändern sie die Farbe und werden grün und rot, leuchten gelborange und braun. Dieser weltweit einzigartige und noch weitgehend unerforschte Flechtenbewuchs ist in mehreren hundert Jahren entstanden, eine Lebensgemeinschaft aus Algen und Pilzen, die in der Namib ideale Lebensbedingungen vorfindet. Wer sich unachtsam bewegt, zerstört die symbiotischen Systeme. Wer sich herablässt und den Bewuchs unter die Lupe nimmt, versinkt in einem Kosmos von Blättern, Verkrustungen, Verzweigungen, hängenden Gärten und nach oben strebenden Verästelungen. Der namibische Naturschutz hat Regeln für einen Besuch der Namib aufgestellt. Es ist verboten, abseits der ausgewiesenen Wege zu fahren, Müll zu hinterlassen und Pflanzen, Steine oder Tiere aus der Namib zu entfernen (kurz: »Nimm das wieder mit hinaus, was du hineingebracht hast, nicht mehr, nicht weniger.«). Auch Feuerholz sollte man mitbringen (für die Gegenden, in denen eine Übernachtung und Lagerfeuer erlaubt sind), Tiere, auch Hunde, dürfen keinesfalls mit in die Schutzgebiete, ebenso wenig Feuerwaffen. Den Instruktionen der Ranger ist unbedingt Folge zu leisten. Sollte man Wild anfahren, ist dies umgehend den Parkbehörden mitzuteilen.

Der Süden
Von den Dünenbergen der Namib zum majestätischen Canyon des Fish River lockt das Abenteuer Natur mit Landschaften und Gesteinsschichten aus der Frühzeit unserer Erde, aufgeschlagen wie ein Buch.

◄ Ein typischer Vertreter der Namib-Wüste (▶ S. 96) ist der Köcherbaum, der auf felsigem Untergrund wächst.

Der Norden

Der Westen

Windhoek und der Osten

Der Süden

Wie eine schiefe Ebene senkt sich die Landschaft von Windhoek nach Süden hin. Zunehmend wird es trockener, Grasnarbe und Baumbewuchs werden spärlicher und die Abstände zwischen den Farmzufahrten und den Siedlungen größer. Nicht mehr 1 ha pro Rind muss ein Farmer besitzen, 10 bis 15 ha sind für die Ernährung nur eines Tiers notwendig. Das Wasser muss in künstlichen Stauseen wie Oanob, Hardap und Naute gesammelt werden – beliebte Ausflugsziele für Wassersport im Sommer. Gleich zwei Wüsten, die Kalahari im Osten und die Namib im Westen, prägen die Landschaften Südnamibias. Während sich die Kalahari allmählich zu ihrem Becken in Botswana/Südafrika hin absenkt, vollzieht sich der Übergang vom Hochland zur Namib mit einer dramatischen Steilstufe, dem Great Escarpment. Sind die steilen Passstraßen überwunden, breitet die Dünen-Namib ihre Märchenlandschaft aus rostroten und honiggelben Sandwellen rund um das Sossusvlei vor dem Betrachter aus. An dieser Barriere aus Sand versiegen die vom Hochland kommenden Flüsse. Auch der Fish River versiegt in der heißen Jahreszeit. Kaum vorstellbar, dass er mit 549 m den zweittiefsten Canyon der Welt in die Erdkruste gegraben hat. Seine Flanken erlauben den Blick auf die Erdgeschichte. Verbogen, aufgeworfen oder sauber geschichtet treten die einzelnen Gesteine in der Schlucht zutage. An der Oberfläche hingegen fand man unweit von Keetmanshoop versteinerte Saurier und bei Lüderitz Diamanten im Sand, vor Jahrmillionen angespült vom Meer.

Rehoboth   ▶ S. 152, C 9

22 000 Einwohner

Der Hauptsiedlungsort der Baster, Nachkommen von Verbindungen zwischen weißen Buren und Nama-Frauen, besaß lange Jahre eine Sonderstellung. Zwar unterstanden die Bewohner den Rassegesetzen der Apartheid, doch durften sie eine Selbstverwaltung aufbauen, und ihnen war Landbesitz erlaubt. Dies ist ein Grund, warum der Ort eine für ein ehemaliges Homeland unübliche gute Infrastruktur besitzt.

MUSEEN

Rehoboth Museum

Exponate zur Geschichte der Baster und ihrer Selbstverwaltung, Wissenswertes zu Flora, Fauna und Geologie der Umgebung und eine kleine Freiluftausstellung zu den Wohntraditionen Namibias.

Old Postmasters House • Mo–Fr 9–12 und 14–16, Sa 9–12 Uhr • Eintritt 10 N$

Ziele in der Umgebung

◎ **Lake Oanob**   ▶ S. 152, C 9

1990 wurde mit 54 m Höhe Namibias höchstes Stauwehr eingeweiht. Es kann bis zu 35 Mio. m³ zurückhalten und sorgt ganzjährig für eine spie-

gelnde Wasserfläche in der ariden Umgebung. Ein Ferienresort mit Restaurant zieht am Wochenende zahlreiche Besucher aus Windhoek an, die baden, Boot fahren und grillen.
10 km westl. von Rehoboth

ÜBERNACHTEN
Oanob Resort

Mit Seeblick • Zimmer und Luxus-Chalets mit Küche, TV und Veranda mit Grillstelle, À-la-carte-Restaurant, Bars, Bootsfahrten und Tierbeobachtung auf dem Farmgelände.
Tel. 0 62/52 23 70 • www.oanob.com. na • 20 Zimmer und Chalets • €€

◎ Naukluft-Gebirge

▶ S. 152, B 9

1000 m hoch ragen die Berge der Naukluft aus der Ebene an der Randstufe, die vom Hochland abfällt zur **Namib-Wüste**, 2030 m misst der höchste Gipfel des Gebirges. Mit seinen zahlreichen Schluchten ist es ein Eldorado für Wanderer und Trekker. Als Teil des **Namib Naukluft Parks** ist der Zugang zu großen Teilen des Gebirges reglementiert, doch im östlichen Bereich grenzt das Schutzgebiet an private Gästefarmen, von denen aus auch Exkursionen in die Naukluft möglich sind. Der zerklüftete Gebirgsstock aus Kalkstein und Dolomit erfreut sich eines relativen Wasserreichtums mit Quellen, kleinen Wasserläufen und -fällen und zahlreichen dicht umwachsenen Tümpeln in schattigen Schluchten, Anziehungspunkte für die Tierwelt wie das Hartmannsche Bergzebra, den nachtaktiven Leopard, die flinken Klipspringer oder die ungeheuer neugierigen und gefräßigen Paviane. Typische Naukluft-Pflanzen sind Köcher- und Balsambäume, Blut-

frucht, Kamel- und Schwarzdorn. Besonders vielfältig ist die Vogelwelt: Rosenpapageien, Felsenadler, Damarasegler, Ohrengeier, Schwarzstörche und die emsigen Siedelwebervögel. Vorsicht ist beim Wandern wie Biwakieren vor den ebenfalls zahlreich vertretenen Schlangen geboten. Im Park sind einige, auch mehrtägige Wanderungen ausgewiesen, Herausforderung für versierte Trekker, die auch mit viel Gewicht bergan steigen und sich nicht vor Schlangen fürchten. Wer mit einem robusten Geländewagen unterwegs ist, kann den 4 x 4-Trail auf dem schönen Naukluft-Plateau abfahren, bei dem einmal in einem einfachen Camp übernachtet wird. Anmeldung für die Wanderungen und den 4 x 4-Trail beim NWR Central Reservation Office (▶ S. 47).
170 km südwestl. von Rehoboth

ÜBERNACHTEN
BuellsPort Gästefarm

Wanderparadies • Gästefarm mit Rinderzucht und langer Tradition im Tourismus. Komfortable Zimmer, bodenständige Küche, mehrere markierte Wanderungen in der Naukluft (▶ MERIAN-Tipp, S. 31), nur mit Halbpension.
150 km südwestl. von Rehoboth • Tel. 0 63/69 33 71 • www.buellsport. com • 14 Zimmer, Campingmöglichkeit • €€

Naukluft Restcamp/Namibia Wildlife Resort

Nur Zeltplatz; Übernachtung auf den Wanderungen (Vorausbuchung notwendig) in einfachen Schutzunterkünften.
Buchung über NWR (▶ S. 47) • 10 Zeltplätze • €

Die Dünen von Sossusvlei (▶ S. 97) im Namib Naukluft National Park ziehen Besucher magisch an. Nach dem Aufstieg wird man durch spektakuläre Ausblicke belohnt.

◎ Sossusvlei/Sesriem

▶ S. 152, B 10

Sossusvlei ist eines der faszinierendsten landschaftlichen Highlights im Namib-Naukluft-Nationalpark, der aus unterschiedlichen Wüstenformen besteht: der Kiesnamib weiter nördlich und aus der Sandnamib, deren Dünenmeer sich im Süden vom Fuß des Escarpments nach Westen bis an den Atlantik erstreckt; Besucher dürfen es nur im Bereich des Sossusvlei betreten. Der einzige Zugang in diese verzauberte Landschaft befindet sich auf dem Areal des Sesriem Rastlagers, von dem aus sich bei Sonnenaufgang das Tor zu den Dünen öffnet. Auf der Fahrt zum 65 km entfernten Sossusvlei folgt man dem Trockenflussbett des Tsauchab und passiert weitere Dünenriesen wie die Düne 45, man begegnet Springbockherden, sieht Schakale und Erdmännchen, bis man schließlich die Dünen um das Sossusvlei erreicht. Die zweithöchsten Sterndünen der Welt sind hier zu finden, vom Wind geformt, der – aus unterschiedlichen Richtungen blasend – für die typische Form sorgt. Die Vleis (Senken) bei Sossusvlei füllen sich in guten Jahren mit Wasser, wenn der Tsauchab »abkommt«, also Wasser führt, dann steht es unwirklich wie ein Spiegel zwischen den gelbroten Dünen. Der Lehm des Bodens verhindert ein Versickern, doch nur allzu bald lässt die Hitze es wieder verdunsten. Die Dünen bilden einen Sperrriegel, der verhindert, dass die im Hochland entspringenden Flüsse es durch die Namib bis zum Atlantik schaffen. Mit 375 m überragen die höchsten das Rivier des Tsauchab. Der Anstieg in dem weichen Sand ist kräftezehrend und am besten auf einem der Grate zu bewältigen. Oben genießt man einen spektakulären Blick über die Vleis und die bis zum Horizont reichenden Sandrücken. In der wüstenhaften Umgebung lebt eines der Wappentiere Nambias, die Oryx-Antilope, die sich an das heiße, trockene Klima hervorragend angepasst hat. Zum Parkplatz vor dem Sossusvlei führt eine 60 km lange Teerstraße von Sesriem (dann 4 km Fußmarsch oder Shuttlebus), wo es Unterkünfte gibt. Erst nach Tagesanbruch darf man sich von dort auf den Weg in die Namib machen und muss bei Sonnenuntergang zurück sein (Eintritt 80 N$ p. P., 10 N$/Fahrzeug). Lohnenswert ist auch die kurze, Wanderung durch die Sesriem-Schlucht beim gleichnamigen Camp. Die Schlucht ist ein 30 m tiefer und 1 km langer Canyon, den der Tsauchab ins Gestein gefräst hat und der die meiste Zeit des Jahres trocken liegt. Sechs Ochsenriemen waren notwendig, mit Eimern das Wasser auf dem Grund der Schlucht zu erreichen – daher der Name.

310 km südwestl. von Rehoboth

ÜBERNACHTEN
Sossusvlei Lodge and Desert Camp

Wüste hautnah • Die Luxusbungalows der Lodge direkt am Eingang von Sossusvlei sind halb Zelt, halb Haus, von jedem hat man Blick auf das Wasserloch; das Abendbüffet im Restaurant ist legendär. Wer es bodenständiger liebt, mietet sich im 3 km entfernten **Desert Camp** ein, bestellt Beilagen aus dem Restaurant und grillt sein Fleisch selbst.

Sesriem • Tel. 0 63/29 36 36 • www. sossusvleilodge.com • 45 Bungalows (Desert Camp 20 Einheiten) • €€–€€€€

Namib Desert Lodge

Wüstenoase • Hotelanlage an einer versteinerten Düne mit praktisch eingerichteten Zimmern, À-la-carte-Restaurant, Bar, Pool und Camping.

60 km nördl. von Sesriem an der C19 • Tel. 0 61/23 00 66 • www.gondwana-collection.com • 50 Zimmer • €€€

◎ Spreetshoogte Pass 🔥
▶ S. 152, B/C 9

Unter all den Passstraßen, die vom Hochland über die Randstufe hinunter in die Namib führen, gilt dieser Pass als der steilste, aber auch der mit der schönsten Aussicht. Die nur an den schwierigsten Passagen asphaltierte Pad zweigt bei Nauchas von der C24 ab und mündet 50 km weiter westlich von Solitaire in die C14. Lange Zeit konnte sie nur in dieser Richtung, also bergab, befahren werden, weil die Steigungen von über 22 % zu anspruchsvoll waren. Durch die Teilasphaltierung wurden diese Stellen entschärft. Auch wenn Sie die Strecke nicht auf sich nehmen wollen, lohnt es sich, bis zum Beginn des Gefälles zu fahren und den Blick auf die Namib zu genießen.

90 km südwestl. von Rehoboth

Mariental
▶ S. 153, D 10

12 000 Einwohner

Das Einfallstor zur Kalahari und Zwischenstopp auf dem Weg nach Südafrika ist ein umtriebiges Städtchen mit Supermärkten und mehreren Hotels. Die schmucken Häuschen mit ihren hübschen Gärten liegen abseits der Hauptstraße und des Schwerlastverkehrs an der Bahnstrecke von Kapstadt über Upington nach Windhoek. 1920 erhielt der Ort Stadtrechte und den Vornamen der

Auf einer Jeep-Safari auf dem Gelände der Kalahari Anib Desert Loge (▶ S. 99) kann man außergewöhnlich viele Antilopen wie Springböckchen und Oryx entdecken.

Frau eines benachbarten Farmbesitzers. Für die Entwicklung zur heutigen Größe sorgten der Hardap Stausee, der heute viele Urlauber anzieht, und die Farmen östlich im Bereich der Kalahari um den Ort Gochas, die mit artesischen Quellen gesegnet sind.

ÜBERNACHTEN

Kalahari Anib Desert Lodge

Dünen und Wild • In der sanft gewellten Landschaft der roten Kalahari-Dünen steht die großzügige Anlage mit komfortablen Zimmern, zwei Pools und einem sehr guten Restaurant. Wegen des Antilopenreichtums berühmte, beeindruckende Sundowner-Fahrten.

35 km nordöstl. von Mariental über die C20 • Tel. 0 61/23 00 66 • www. gondwana-collection.com • 55 Zimmer • €€€

Kalahari Farmhouse

Südwester Nostalgie • Die Farmhäuschen der ebenfalls zur Gondwana Collection gehörenden Lodge er-

innern mit ihrem kapholländischen
Baustil an die »gute alte Zeit«. Im
Haupthaus der ehemaligen Karakul-
Farm befindet sich das Restaurant.
Die Küche bezieht frische Produkte
vom angrenzenden Farmbetrieb.
Gamedrives und Wildniswanderun-
gen im Gondwana Kalahari Park ma-
chen mit dem Ökosystem Kalahari
und dessen Wildreichtum vertraut.
Bei Stampriet, 53 km nordöstl. von
Mariental • Tel. 0 61/23 00 66 •
www.gondwana-collection.com •
11 Zimmer • €€€

Ziele in der Umgebung
◎ **Hardap Damm** ▸ S. 152, C 9

Seit 1963 staut der 865 m lange
Damm von Hardap den Fish River.
Der erste künstliche See des Landes
fasst maximal 300 Mio. m³ und ist ein
Paradies für Tiere. Antilopen, Nashörner, Strauße, Zebras und sogar
Leoparden geben sich ein Stelldichein, die Luft bevölkern zahlreiche Vögel (260 Arten). Auf den Pisten kann
man sich auf Entdeckungsfahrt begeben oder zu Fuß auf den ausgewiesenen Wanderwegen die Umgebung er-
forschen. Angler fischen ihr Abendessen: Schwarzbarsche, Karpfen und
Klippdorsche.
20 km nordwestl. von Mariental

ÜBERNACHTEN
**Hardap Resort/Namibia
Wildlife Resort**

Für Anspruchslose • Moderne Anlage mit Chalets unterschiedlicher Ka-

Schloss Duwisib (▸ S. 101) – eine deutsche Burg mitten in Namibia wie von einem
anderen Stern. Das skurrile Bauwerk ist renoviert und kann besichtigt werden.

tegorie. 2012 wegen Renovierung geschlossen.
Buchung über NWR (▶ S. 47) •
60 Chalets • €

◎ NamibRand Nature Reserve
▶ S. 152, B 10

Das 180 000 ha große private Schutzgebiet entstand aus einem Zusammenschluss von Farmen, auf denen wegen Überweidung nicht mehr sinnvoll gewirtschaftet werden konnte. Strikte ökologische Vorgaben ließen die Natur sich erholen, nun zeigt sich NamibRand mit weiten Grasflächen und zahlreichen Wildtieren so, wie sie einst war. Die fünf konzessionierten Lodges des Reservates sind im oberen Preissegment angesiedelt, die Einnahmen dienen auch zur Intensivierung des Naturschutzes und Erweiterung von NamibRand. An Aktivitäten gibt es u. a. geführte Wanderungen und Ballonfahrten.
160 km westl. von Mariental

ÜBERNACHTEN
Wolwedans Collection
Rundumbetreuung • Hoch luxuriöse Unterkünfte mit Vollverpflegung und Aktivitäten in der Sossusvlei Mountain Lodge und den Unterkünften der Wolwedans Collection, malerisch gelegen in den schönsten Landschaften des Reservats.
100 km südl. von Sesriem an der C27 • Tel. 0 61/23 54 42 • www. namibrand. com • €€€€–€€€€

◎ Schloss Duwisib
▶ S. 152, B/C 10

Das Schloss aus roten Sandsteinquadern mit seinen Zinnen und Türmen mitten im Nirgendwo war der Wunschtraum des deutschen Adligen Hansheinrich von Wolf, verwirklicht hat ihn der Architekt Wilhelm Sander. Von Wolf ließ das gesamte Mobiliar, darunter Rittersaal und Biedermeierzimmer, aus der Heimat mit dem Schiff anlanden und per Ochsenwagen durch die Wüste schaffen. 1909 war das größenwahnsinnige Projekt bezugsfertig; fünf Jahre später zog von Wolf in den Ersten Weltkrieg und fiel in der Schlacht an der Somme. Seine Gattin, eine wohlhabende Amerikanerin, konnte dem Anwesen in der namibischen Wüste wenig abgewinnen und kehrte nie wieder nach Duwisib zurück. Abweisend geben sich die Mauern, nur wenige Fenster lassen Licht von außen ein, dafür ist der begrünte Innenhof mit seinem Umgang das Zentrum. Die Zimmer und Säle sind original eingerichtet.
Tgl. 8–17 Uhr • Eintritt 60 N$
190 km südwestl. von Mariental

Keetmanshoop ▶ S. 152, D 11
17 000 Einwohner

Die »Hoffnung des Herrn Keetman« wurde als Station der Rheinischen Missionsgesellschaft 1866 mit Geldern von Johann Keetman gegründet und ist heute das wichtigste Straßenkreuz des Südens mit Eisenbahnanschluss. Hier kommt der Verkehr vom zentralen Südafrika auf dem Weg nach Norden durch. Nur noch wenige Gebäude erinnern an die Kolonialzeit. Die Schachbrettanlage der Stadt wird immer wieder durch krumme Straßen und Sackgassen durchbrochen. Im Zentrum konzentrieren sich Ämter und Geschäfte, die anschließenden Straßen sind durch die typischen Parzellen mit Einfamilienhäusern inmitten von Gärten geprägt.

SEHENSWERTES
Kaiserliches Postamt

Der graue Natursteinbau stammt aus dem Jahr 1910 und wurde vom Regierungsbaumeister Redecker geplant. Noch immer weist eine Inschrift auf die ursprüngliche Bestimmung des mit einem Turm gestalteten Gebäudes hin. Heute befindet sich hier die **Touristeninformation**.

Hampie Pflichta Avenue • Tel. 0 63/ 22 12 11

MUSEEN
Stadtmuseum

In der 1895 errichteten und 1960 säkularisierten Rheinischen Missionskirche untergebracht, erläutert das Museum die Geschichte der Stadt und beleuchtet die Kultur der Nama in der Region. Kleine naturkundliche Sammlung.

Sam Nujoma Avenue • Mo–Fr 8–12.30 und 13.30–16 Uhr • Eintritt frei, Spende erwünscht

ÜBERNACHTEN
Central Lodge

Im Herzen der Stadt • Hotel mit hellen, großen und liebevoll eingerichteten Zimmern um einen Innenhof mit Pool, klimatisiert. Gutes Restaurant und sicheres Parken.

5th Street • Tel. 0 63/22 58 50 • www.central-lodge.com • 19 Zimmer • €€

Schützenhaus

Traditionell • Seit 1907 gibt es die Traditionsadresse nahe dem Zentrum als deutscher Club, seit 2007 als modernisiertes Gästehaus mit Restaurant. Die Zimmer sind komfortabel, der Service ist persönlich.

Diamond Street • Tel. 0 63/22 34 00 www.schuetzenhaus-namibia.com • 12 Zimmer • €€

ESSEN UND TRINKEN
Bird's Mansions

Feine Küche • Das Restaurant des gleichnamigen Hotels bietet eine der wenigen Möglichkeiten in Keetmanshoop, in eleganter Atmosphäre zu speisen. Die Karte listet vorrangig Wildgerichte; die Weinauswahl ist sehr gut.

6th Avenue • Tel. 0 63/22 17 11 • nur abends geöffnet • €€

Ziele in der Umgebung
◎ Bethanie ▶ S. 152, C 11

Ein Örtchen in der Weite Südnamibias, ein paar Esel, einfache Häuschen mit abblätternder Farbe, Küchengärten, Nama-Farmarbeiter mit Schirmkäppi gegen die Sonne – so gar nichts lässt vermuten, dass hier zwei wichtige Kapitel namibischer Geschichte geschrieben wurden: Das erste manifestiert sich in einem kleinen Steinhaus, vor dem ein paar Dattelpalmen auffallen: Bereits 1814, also lange vor der kolonialen Landnahme, gründete der deutsche Missionar Heinrich Schmelen hier eine Missionsstation, die er wenige Jahre später wegen der Kriegszüge der Nama wieder aufgeben musste. Erst 1840 gelang es der Mission, sich hier ständig festzusetzen; die Nama akzeptierten das Christentum, zumindest oberflächlich, und waren bei den Missionaren wegen ihrer musikalischen Talente als Mitglieder des Kirchenchors beliebt. Ob die Missionare in den Vertragsabschluss, der 1883 im heute noch erhaltenen »Haus von Joseph Fredericks« besiegelt wurde, involviert waren, ist nicht verbürgt. Fredericks, Oberhaupt der hier lebenden Nama, überließ darin einem Abgesandten des Kaufmanns Adolf Lüderitz Teile seines Landes zur Nutzung. Lüderitz interpretierte das als Kaufvertrag. Ein Jahr später war das »gekaufte« Land deutsches Schutzgebiet und die Nama ein Volk ohne Land.

135 km nordwestl. von Keetmanshoop über B4 und C14

◎ Brukkaros Crater

▶ S. 152, C 10

In Höhe der Ortschaft Brukkaros erhebt sich am Horizont westlich der Straße B1 ein schwarzer, flacher Schemen über die Landschaft. 40 km Pistenfahrt sind es bis zum Örtchen Berseba und von dort noch einmal 10 km zum Fuß des 550 m hohen Vulkankegels. Mit einem geländegängigen Fahrzeug kann man noch weitere 2 km fahren, dann heißt es aussteigen und zu Fuß weiterwandern (ca. 30 Min.). Über steinige Pfade geht es bergauf bis zum Kraterrand. Ein fantastischer Blick lohnt die Mühe, dichtes, hohes Gras steht in der Senke, Köcherbäume wachsen pittoresk zwischen den Felsen, und zahlreiche Blüten tupfen Farbkleckse in die Landschaft. 3 km Durchmesser hat der Vulkantrichter, der eigentlich keiner ist. Geologen bemängeln das Fehlen vulkanischen Auswurfs, sodass man heute davon ausgeht, dass der Brukkaros als Explosionskrater entstand. Von Magma aufgeheiztes Grundwasser verdampfte schlagartig und riss den zuvor durch Erdbewegungen aufgewölbten Berg weg, seine Flanken aber blieben stehen.

100 km nördl. von Keetmanshoop

◎ Fish River Canyon/Ai-Ais ⭐ 7

▶ S. 152, C 12

650 km ist der Fish River von seiner Quelle bei den Naukluft Mountains bis zur Einmündung in den Orange River lang. Bei Ai-Ais schuf er die nach dem Grand Canyon in den USA größte Schlucht der Erde mit einer Tiefe von 549 m. Von den Aussichtspunkten am Schluchtrand ist er nur als Rinnsal erkennbar, am Ende der Trockenzeit gar reduziert er sich auf einige wenige Tümpel. Doch wenn es gut regnet, kann man seine Kraft erahnen: Dann springt das Wasser talabwärts, und sein Rauschen und Toben ist bis nach oben zu hören. Vor 350 Mio. Jahren begann er seine Arbeit, grub sich immer tiefer in das 1,5 Mrd. Jahre alte Gestein des Namaqualand-Metamorphit-Komplexes und legte es dem heutigen Betrachter offen. Doleritgänge durchziehen das Gneis-Gestein mit seinen eingeschlossenen Quarzlinsen, wie Platten liegen die einzelnen Schichten übereinander und zeigen sich in allen nur erdenklichen Braun- und Rottönen. In zahlreichen Schleifen mäandert die Schlucht durch die Landschaft, und erfahrene Wanderer dürfen im Südwinter auf einem fünftägigen Treck ihrem Verlauf flussabwärts von Hobas bis Ai-Ais folgen (nur nach Voranmeldung bei Namibia Wildlife Resorts, ärztliches Befähigungszeugnis notwendig, Gruppen von mindestens 3 und maximal 30 Personen). Den besten Blick in den Canyon bietet der ausgeschilderte Haupt-Aussichtspunkt, 11 km vom Rastlager Hobas entfernt. Von hier führt der Weg hinunter in die Schlucht. Da es immer wieder zu schweren Unfällen kam, sind Tageswanderung oder auch nur der Abstieg in die Schlucht nun verboten. Ai-Ais (»kochendes Wasser«), das staatliche Rastlager, liegt am unteren Ende des Fish River

Canyon bei heißen Quellen. Außenpool und Hallenbad sorgen für Entspannung nach einer Fahrt über staubige Pisten oder nach der langen Wanderung durch den Canyon. Der Fish River Canyon und das Gebiet um Ai-Ais bilden mit dem südafrikanischen Richtersveld Park den grenzübergreifenden Ai-Ais/Richtersveld Transfrontier Park. Auf namibischer Seite kann man den Nationalpark auf eigene Faust nur auf der Straße entlang des Oranje befahren, im südafrikanischen Teil hingegen locken zahlreiche Pisten.

150 km (Fish River Canyon) bzw. 170 km (Ai-Ais) südl. von Keetmanshoop

ÜBERNACHTEN
Gondwana Collection

Der Landschaft angepasst • Die vier Lodges und Gästehäuser von Gondwana liegen östlich des Fish River Canyon und bieten Unterkünfte unterschiedlicher Kategorie: die für Individualreisende gedachte **Cañon Lodge** mit in die Felsen integrierten Chalets, das von Durchreisenden bevorzugte günstigere **Cañon Roadhouse** in einem riesigen Felsen-Halbrund, das von organisiert Reisenden gebuchte **Cañon Village** direkt an der C37 und das **Cañon Mountain Camp** abseits in den Bergen für Backpacker. Das Cañon Roadhouse überzeugt mit seinem Restaurant.

20 km östl. des Fish River an der C37 • Tel. 0 61/23 00 66 • www.gondwanacollection.com • gesamt ca. 200 Zimmer/Chalets • €€ – €€€

Ai-Ais Hotspring Spa/ Namibia Wildlife Resort

Wellness und Wildnis • Das Thermalbad am Ausgang des Fish River Canyon wurde jüngst komplett umgestaltet und präsentiert sich nun als komfortable Spa-Anlage mit Innen- und Außenpools und sehr schön gestalteten Zimmern.

Buchung über NWR (▸ S. 47) • 36 Zimmer und Chalets • €€

◎ Kalahari/Kgalagadi Transfrontier National Park

▸ S. 153, E/F 9–11

Wie schockgefrorene Wellen stehen die Dünen der Kalahari in der Landschaft, am Horizont verschwindende, von Nord nach Süd ausgerichtete Sandrücken mit einer spärlichen Grasnarbe. Die Anfahrt zum Nationalpark lullt dünenauf und dünenab die Mitreisenden ein: blauer Himmel, roter Sand und die allgegenwärtigen Wildzäune am Straßenrand. Die Kalahari gilt als größte zusammenhängende Sandfläche der Welt und erstreckt sich über Botswana und Südafrika bis nach Simbabwe. Sie ist das traditionelle Streifgebiet der San, die gelernt haben, im Einklang mit der ausgetrockneten Welt zu leben, ihre wenigen Pflanzen zu nutzen und ihre großen Tiere mit Geduld, Geschick und Gift zu jagen. Der Kgalagadi National Park erstreckt sich über 38 000 qkm in Südafrika und Botswana entlang der Grenze zu Namibia. Er war das erste grenzübergreifende Schutzgebiet im südlichen Afrika. Von den beiden Zufahrten Klein Menasse im Süden und Mata Mata im Norden ist die nördliche vorzuziehen, da die südafrikanischen Anfahrtspisten zum Park von Klein Menasse aus nicht gepflegt werden. Bei der direkten Einfahrt in den Nationalpark über Mata Mata ist eine Unterkunftsbuchung von mindestens zwei Nächten vor-

Blick hinab auf den Horse Shoe Bend des Fish River Canyons (▶ S. 103). Er ist der zweitgrößte Canyon der Welt, das Bett des Fish River ist 549 m tief.

zuweisen. Kgalagadi zeigt sich mit typischer Kalaharilandschaft, die Pisten verlaufen kreuz und quer zu den Dünen, führen durch Salzpfannen und von Wasserloch zu Wasserloch. Hyänen und Schakale, Leoparden, die schwarzmähnigen Kalahari-Löwen und Geparde machen hier Jagd auf die Antilopen, Zebras weiden auf der Trockensavanne, und Giraffen reißen mit ihren unempfindlichen Zungen die Blätter von den Akazien. Die Rastlager, besonders aber die perfekt in die Landschaft integrierten Bushcamps sind fast ganzjährig gut gebucht. Wer sich im südafrikanischen Teil befindet, darf ohne Passformalitäten auf botswanisches Gebiet wechseln, vorausgesetzt, er hat die dort angebotenen Rundtouren für Selbstfahrer gebucht. Umgekehrt darf man auch von Botswana aus ohne Einreiseformalitäten in den südafrikanischen

Teil. Der Eintritt (Conservation Fee) beträgt 192 Rand tgl.
260 km nordöstl. von Keetmanshoop (Zufahrt Mata Mata)

ÜBERNACHTEN

Mata Mata, Nossob, Twee Rivieren

Den Löwen ganz nah • Die drei Hauptcamps liegen im südafrikanischen Teil des Parks und bieten Einkaufsmöglichkeiten, Tankstellen, Restaurants und Strom. Die Wilderness Camps im Busch – Bitterpan, Grootkolk, Tented Camp, Kieliekrankie, Urikaruus und Gharagab – sind für Selbstversorger und nicht zaungesichert, das Luxuscamp !Xaus Lodge (Buchung über Tel. 00 27/12/ 4 26 51 11, www. xauslodge.co.za) liegt an einer Salzpfanne.
Buchung über South African National Parks • Tel. 0027/54/5 61 20 00 • www.sanparks.org • €€–€€€€

Zu bizarren Formen aufgetürmt, in allen Größen und Farben, liegen die Bauklötzchen der Riesen im Giant's Playground (▸ S. 107) bei Keetmanshoop herum.

◎ Mesosaurus Park ♈

▸ S. 153, D 11

Etwa 5000 Köcherbäume wachsen auf dem Gebiet der Mesosaurus Farm, doch die eigentliche Attraktion sind die Felsplatten, in denen die Mesosaurier verewigt sind. Die bis zu 1 m langen Reptilien lebten vor etwa 300 Mio. Jahren in Seen und gehörten zu den nicht-amphibischen Landlebewesen, die zurück ins Wasser gegangen waren. Mit ihrem starken Schwanz konnten sie sich darin perfekt bewegen, ihr Zahnapparat funktionierte als Reuse für kleine Krebse und Fische. Mehrere Abdrücke sind in Steinplatten auf der Farm zu finden, der perfekte Erhaltungszustand des Hauptfundes – eines Mesosauriers von 30 cm Länge – geht auf sein Absinken in toxischem Gewässer zurück, wo kein Fäulnisprozess stattfinden konnte. Auf einer Wanderung durch das Gebiet sind auch noch zwei Schutztruppengräber zu entdecken. Auf der Farm (www.mesosaurus.com) kann man auch übernachten.

40 km nordöstl. von Keetmanshoop an der C17

◎ Quivertree Forest

▶ S. 153, D 11

Einsam steht der Köcherbaum mit seinen einem massiven Stamm entwachsenden, wie wild verästelten Zweigen normalerweise im Fels. Doch bei Keetmanshoop – und keiner weiß warum – bildet er richtige Wälder aus mehreren Tausend Bäumen. Er ist eines der beliebtesten Fotomotive, besonders wenn er mit seiner typischen Silhouette die Morgen- oder Abendsonne abblendet. Die den Aloen (aloe dichotoma) zugerechnete Pflanze erwehrt sich der Verdunstung mit einer pergamentenen Rinde, die den weichen und fasrigen Kern umschließt, in dem sie das Wasser speichert. Diesen Aufbau nutzten die San, um aus den Ästen Pfeilköcher herzustellen. Umgeben von durch Wollsackverwitterung entstandenen, mit schwarzem Wüstenlack überzogenen, kugelrunden und aufeinander getürmten Felsmurmeln lässt der Köcherbaumwald ein Bild wie aus einer anderen Welt entstehen. Quivertree Forest und **Giant's Playground** – die Spielwiese der Riesen – sind als Nationaldenkmäler geschützt. Doch 40 km östlich von Keetmanshoop finden sich beim Mesosaurus Park (▶ S. 106) ein noch viel größerer Wald und ebenso schöne Felsmurmeln.

Eintritt 55 N$
13 km nordöstl. von Keetmanshoop an der C17

Lüderitz

▶ S. 152, B 11

In der Bucht von Lüderitz nahm die Neuzeit Südwestafrikas ihren Anfang. Zuerst Portugiesen, dann Deutsche verließen unter fahlblauem Himmel ihre auf dem vom stürmischen Südwest gepeitschten, bleigrauen Wasser tanzenden Schiffe und gingen an der Felsküste an Land. Seit 100 Jahren wacht an höchster Stelle die Felsenkirche über Lüderitz. Ihren Namen bekam die Siedlung vom deutschen Kaufmann Adolf Lüderitz, der Reichskanzler Bismarck bewegte, Südwest zum deutschen Schutzgebiet zu erklären. Seinen Reichtum erwirtschaftete Lüderitz durch Handel – Diamanten sollten erst später gefunden werden. Nach einer Seereise nach Südafrika und zurück zur damals Angra Pequeña genannten Siedlung blieb er verschollen. Man benannte den Ort ihm zu Ehren in Lüderitzbucht um. Durch die Namib vom restlichen Land abgeschnitten, im tiefen Süden Namibias gelegen, führt Lüderitz heute ein Aschenputteldasein. Der natürliche Hafen, einst einziger Schutz für die Schiffe an der Küste Namibias, hat schon lange keine Funktion mehr. Da das Meer leergefischt und durch die Erwärmung des Benguelastromes seines einst reichen Planktons, wichtigster Grund für den früheren Fischreichtum, weitgehend beraubt ist, kann auch die Fischindustrie nichts mehr zur Prosperität der Stadt beitragen. Dennoch ist ein Besuch lohnenswert. Die Häuser vom Beginn des 20. Jh. schaffen im unwirklichen Licht des Südatlantiks eine ganz eigene Atmosphäre. Sie zeugen vom einstigen Reichtum, den die Diamantenfunde in der Umgebung begründet haben. Und vielleicht bringen ja die Zinkmine beim nahen Rosh Pinah oder die Erdgasfunde unter dem Meer neuen Schub. Bis dahin lebt man von den Touristen aus dem Landesinneren und jenen, die von den Kreuzfahrtschiffen strömen, die ab und an am Kai liegen.

SEHENSWERTES
Felsenkirche

Am 4. August 1912 wurde die evangelisch-lutherische Kirche nach dreijähriger Bauzeit geweiht. Nach dem Eisenacher Regulativ im Stil viktorianischer Gotik errichtet, kostete sie 48 000 Reichsmark, die Glocken wurden in Apolda/Thüringen gegossen. Besonderes Augenmerk verdient das dreiteilige Lanzettfenster in Buntglas.

Kirch Street • Mo–Sa 17 Uhr (im Winter bis 16 Uhr) • Eintritt frei, Spende erwünscht

Goerke Haus

Das Direktorenhaus wurde 1910 fertiggestellt und vom Geschäftsführer der Emiliental-Diamantengesellschaft bezogen. In bestem Jugendstil zeigt es den Lieblingsvogel dieser Kunstepoche, den Flamingo, gleich mehrfach an seinen Fenstern. Auch das noch original erhaltene Innenleben ist dieser Stilrichtung verpflichtet. Die Einrichtung wurde im Zuge von Renovierungen in den 1980er-Jahren nachempfunden.

Diamantberg Street • Mo–Fr 14–16, Sa und So 16–17 Uhr • Eintritt 25 N$

Shark Island

Ursprünglich war Shark Island eine unmittelbar vorgelagerte Insel. Die deutsche Kolonialverwaltung machte sie durch Aufschüttungen zur Halbinsel und schlug den Briten damit ein Schnippchen. Diese hatten sich das Recht ausbedungen, alle Inseln vor der Küste in Besitz zu nehmen. Auf Halbinseln traf das nicht zu. Heute ein staatliches Rastlager, war die Haifischinsel in der Folge des Heroaufstandes über mehrere Jahre hinweg ein deutsches Auffang-

und Gefangenenlager für Herero und Nama. Die Zustände waren derart katastrophal menschenunwürdig, dass sich schließlich die Offiziere weigerten, das Lager weiterzuführen, und es aufgelöst wurde. Da waren dann aber schon wohl Hunderte Herero und Nama – den Stürmen ohne Schutz preisgegeben und ohne ausreichende Versorgung – an Auszehrung gestorben. An diesen rabenschwarzen Fleck in der deutschen Kolonialgeschichte erinnert auf der Halbinsel nichts, wohl aber ein Denkmal an Adolf Lüderitz.

Insel Street • tgl. von Sonnenaufgang bis Sonnenuntergang • Eintritt frei

MUSEEN
Luederitz Museum

Museum zur Stadtgeschichte, das aus privaten Sammlungen entstand. Archäologische und völkerkundliche Abteilung. Eine Ausstellung beschäftigt sich mit dem Diamantenabbau.

Diaz Street • Mo–Fr 15.30–17 Uhr (Sonderzeiten unter Tel. 0 63/20 23 46 vereinbar) • Eintritt 20 N$

ÜBERNACHTEN
Nest Hotel

Modern mit allem Komfort • Direkt am Meer um einen Innenhof gebaut, in dem windgeschützt das Schwimmbad liegt. Komfortable Zimmer, teils behindertengerecht. Am schönsten sind die Räume Richtung Meer. Gutes Fischrestaurant.

Diaz Street • Tel. 0 63/20 40 00 • www.nesthotel.com • 70 Zimmer, 3 Suiten • ♿ • €€€

Seaview Zum Sperrgebiet

Kleines Haus mit Pfiff • Komfortabel und farbenfroh eingerichtete Zim-

mer mit Balkon und Blick über Lüderitz, Hallenbad, Sauna, Restaurant.
Woermann Street • Tel. 0 63/
20 34 11 • www.seaview-luederitz.
com • 22 Zimmer • €€

ESSEN UND TRINKEN
Ritzis

Meeres-Genüsse • Fischrestaurant an der Waterfront mit Blick über die Bucht und den Hafen – das verpflichtet. Hier gibt es Austern und Hummer. Wer keinen Fisch mag, bestellt Fleisch oder Pizza.
Hafen Street • Tel. 0 63/20 28 18
€€–€€€

Shearwater Oyster Bar

Austern satt • Die Umgebung des Hafengeländes mag nicht begeistern, die Austern umso mehr. In der Bar herrscht eine gemütlich-rustikale Atmosphäre, unter der Woche wird um 18 Uhr geschlossen, am Freitag

(Tapas-Tag) um 20 Uhr, am Samstag um 14 Uhr.
Insel Street • Tel. 0 63/20 40 31 •
€–€€

SERVICE
Touristeninformation
Lüderitz Tours & Safaris

Informationen zur Stadt und zu Aktivitäten in der Bucht.
Bismarck Street • Tel. 0 63/20 27 19

Ziele in der Umgebung
◎ Ai-Ais/Richtersveld Transfrontier National Park
▶ S. 152, C 12

Mit einer kleinen Fähre geht es bei Sendelingsdrift über den Orange River zum Park, Hauptquartier auf südafrikanischer Seite. Für Fahrten im Park sind ein geländegängiges Fahrzeug und völlige Versorgungsautonomie notwendig. Eine lebensfeindliche Natur scheint den Besu-

100 Jahre schon schaut die evangelisch-lutherische Felsenkirche (▶ S. 108) vom höchsten Felsen über das Städtchen Lüderitz aufs Meer hinaus.

cher zu umgeben: aufgetürmte Felsformationen, steinerne Gärten, nur spärlich mit Sukkulenten bewachsen, am frühen Morgen Nebelschwaden vom Atlantik. Doch auch hier gibt es Wild. Ein Bergzebra springt über das Gestein, Schakale streifen durch die Landschaft. Übernachtung in acht Camps, teils mit luxuriösen, klimatisierten Chalets, teils mit einfachen Hütten oder auf Zeltplätzen, kann gebucht werden, eine Tankstelle beim Hauptcamp ist die einzige sonstige Infrastruktur. Sicherlich am schönsten ist der Besuch zwischen Juni und Oktober, wenn in der Bergwüste nach dem ausgiebigen Regen plötzlich Blumen aus dem Boden schießen.

290 südöstl. von Lüderitz

ÜBERNACHTEN

Sendelingsdrift Rest Camp

Umgeben von Felsen und Blüten • Hauptcamp des Parks mit Tankstelle. Die Chalets haben einen schönen Blick über den Orange River und eine Klimaanlage. Die Camps im Park – Potjespram, De Hoop, Richtersburg, Kokerboomkloof, Tatasberg, Ganakouriep und Hakkiesdoring – sind einfacher ausgelegt, für Selbstversorger und nicht zaungesichert. Dafür liegen sie idyllisch und erlauben einen naturnahen Aufenthalt.

WUSSTEN SIE, DASS …

… die in der Radford Bay bei Lüderitz gezüchteten Austern dank der besonderen Wasserqualität besonders gut schmecken? Zudem sind sie in den Restaurants der Stadt konkurrenzlos billig zu haben.

Buchung über South African National Parks • Tel. 00 27/12/4 28 91 11 • www.sanparks.org • 10 Luxuschalets • €€€

◎ Aus   ▶ S. 152, B 11

Im ganzen Land bekannt ist das Dorf als Standort des südafrikanischen Internierungslagers für deutsche Gefangene des Ersten Weltkriegs. Die Reste des Camps sind heute noch zu sehen. Ein Denkmal erinnert an die Zeit, als zwischen 1915 und 1919 1500 Deutsche – Soldaten und Farmer – bewacht von 600 Soldaten hier leben mussten.

Nicht weit entfernt sind die berühmten Namib-Wildpferde zu bestaunen, die sich an die aride Umwelt angepasst haben. Bis zu 20 Stunden am Tag sind sie auf Futtersuche, nur alle zwei Tage kommen sie im Sommer, nur alle drei Tage im Winter zur Wasserstelle. Bis zu 300 der klein gewachsenen Tiere, die wahrscheinlich Nachkommen südafrikanischer Militärpferde des Ersten Weltkriegs sind, leben in der Wüste. Man kann sie gelegentlich von der Straße aus sehen.

120 km östl. von Lüderitz

ÜBERNACHTEN

Klein Aus Vista

Breites Angebot • Das Desert Horse Inn unweit der Hauptstraße besitzt neben Komfortzimmern ein Restaurant und einen Zeltplatz. Am schönsten sind die herrlich an einem Berghang gelegenen Chalets des Eagle's Nest mit allem Luxus. Fahrten in die Namib-Wüste und zu den Wildpferden.

3 km westl. von Aus an der B4 • Tel. 0 61/23 00 66 • www.gondwanacollection.com • 24 Zimmer und 8 Exklusivchalets • €€–€€€

Mit dem Kanu auf dem Orange River (▶ S. 113), der Grenze zwischen Namibia und Südafrika, kann man die einmalige Natur hautnah erleben.

Bahnhof Hotel

Historisches Schmuckstück • Das renovierte Kolonialgebäude ist eine nostalgische Unterkunft in Aus und dank seines Restaurants mit Bar auch beliebt für einen Zwischenstopp auf dem Weg nach Lüderitz. Tel. 0 63/25 80 91 • www.hotel-aus. com • 13 Zimmer • €€

◎ Diaz Point ▶ S. 152, B 11

Wenn der Nebel schwer über der Küste liegt, sollte man nicht hinausfahren zum Landungsort der Portugiesen – man verfehlte den Weg. Doch wenn sich der Himmel blau zeigt und die Sonne strahlt, ist die Fahrt auf den Pisten an Buchten mit Namen wie Sturmvogel oder Kartoffel vorbei eine wunderbare Halbtagestour. An der äußersten nordwestlichen Spitze der Lüderitz-Halbinsel ließ 1488 Bartholomeu Dias ein Steinkreuz errichten. Es überlebte die Zeitläufte nicht, 1988 wurde zur 500-Jahr-Feier eine Replik aufgestellt – neben dem 1929 an der Originalstelle platzierten Kreuz aus Karibibmarmor. Über einen langen Holzsteg gelangt man über die Felsen zu dem leicht erhöhten Punkt und blickt über den wogenden Atlantik mit einer rau-grauen Felslandschaft im Rücken.
22 km südl. von Lüderitz

◎ Kolmanskop 🟠8

▶ S. 152, B 11

Nur wenige Meter von der Hauptstraße nach Lüderitz entfernt, gelangt man in eine verwunschene Welt. Den Sandbergen des Diamanten-Sperrgebietes entwachsen Jugendstilhäuser, halb verschüttet die einen, stolz in den Himmel ragend die anderen. Pastellfarbenes Mauerwerk, Fachwerk, leere Fensterhöhlen – auch Südwest hat seine Geister-

Die Geisterstadt Kolmanskop (▸ S. 111) war einstmals eine Boomtown und zog Diamantensucher, Händler, Arbeiter und Glücksritter aller Art an.

stadt. Die trockene Wüstenluft hat Gebäude wie das Zahlmeister- oder das Quartiermeisterhaus bestens konserviert, das ehemalige Kasino zeigt noch den Originalboden von der vorletzten Jahrhundertwende, die Bühne und die Turngeräte zur Leibesertüchtigung von Lehrer, Direktor und Ingenieur.

August Stauch war Angestellter der Eisenbahn, als ihm 1908 der Arbeiter Zacharias Lewala einen Diamanten zeigte, den er im Wüstensand gefunden hatte. Stauch erkannte die Gunst der Stunde, sicherte sich die Schürfrechte um Lüderitz und wurde Millionär, Kolmanskop entstand als Verwaltungssiedlung. Nach dem Ersten Weltkrieg gingen die Rechte auf die südafrikanische Firma Consolidated Diamand Mines (CDM) über, die im nun erklärten Sperrgebiet die nahe der Oberfläche liegen-

den Diamanten abbaute. Mit riesigem Gerät wurde der Sand systematisch abgetragen, durchsiebt und verlagert. Schließlich war man in einem 600 km langen und über 100 km breiten Streifen die Küste entlang tätig. Heute besitzt die NAMDEB die Schürfrechte, ein Unternehmen, an dem auch der namibische Staat beteiligt ist und das vornehmlich vor der Küste von Schiffen aus den Meeresboden durchsuchen lässt. Die strengen Zugangsregeln für das Sperrgebiet auf dem Festland sind teilweise aufgehoben, Diamanten sind hier nicht mehr zu finden, dafür aber Natur – zumindest das, was die Prospektoren übrig gelassen haben. Der neu gegründete Sperrgebiet National Park soll in absehbarer Zeit Besuchern die Möglichkeit geben, die Region intensiver zu erkunden (▸ S. 113). Der Eintritt nach Kolmanskop kostet mit Führung 73 N$. Halbtages- und Ganztagstouren in das Sperrgebiet vermittelt Lüderitz Tours & Safaris (▸ S. 109).

Geführte Besichtigung Mo–Sa 9.30 und 11, So 10 Uhr • Ticket 80 N$
10 km südöstl. von Lüderitz an der B4

◎ Orange River

▸ S. 152/153, B–F 12

Der ganzjährig Wasser führende Fluss an der südlichen Landesgrenze war über Jahrhunderte die Sperrgrenze für die Siedler im südlichen Afrika, erst ab dem 18. Jh. wurde er vereinzelt überquert. Die verlässliche Wasserzufuhr nährt Obstplantagen und Weingüter an seinen Ufern, und seine gezähmte Wildheit macht ihn zu einem beliebten Gewässer für Kanufahrer. Der Orange River entspringt in Lesotho in 3000 m Höhe nur 200 km vom Indischen Ozean entfernt, dem er sich aber nicht zuwendet. Er mäandert hingegen auf 2300 km durch die Gebirge Südafrikas und ergießt sich in den Atlantik. Er ist verantwortlich für die Diamantenvorkommen Namibias. Die Edelsteine wurden in Jahrmillionen mit Schwemmsanden Südafrikas in die Namib-Ebenen und das vorgelagerte Meer verfrachtet, wo sie heute abgebaut werden.

290 km südöstl. von Lüderitz

◎ Sperrgebiet National Park

▸ S. 152, B 11/12

Das knapp 22 000 qkm große Gebiet erstreckt sich südlich entlang der Straße von Aus nach Lüderitz und grenzt an den südlich liegenden Ai-Ais/Richtersveld Transfrontier National Park. Wo früher Diamanten geschürft wurden, durften keine unkontrollierten Besucher ein- oder

ausfahren, und so präsentiert sich dieser Nationalpark mit zwei ganz unterschiedlichen Gesichtern: dem der durch rücksichtslose Diamantensuche geschändeten Natur und ihrer nun von Menschen verlassenen Gruben wie dem berühmten »Märchental«, in dem man die Diamanten einfach sammeln konnte, sowie Geisterstädten wie Elizabeth Bay – und abseits davon der vor menschlichen Eingriffen wie Viehzucht, Verkehr oder Tourismus verschonten Naturlandschaft, deren Artenvielfalt die Wissenschaft staunen lässt. Zum neuen Nationalpark zählen Natursehenswürdigkeiten wie die vogelreiche Lagune Sandwich Harbour oder die markante, über 50 m hohe Felsformation Bogenfels, der Rote Kamm genannte, der viertgrößte Meteoritenkrater der Welt und eine solche Fülle endemischer Sukkulenten, dass die Region zu den Hotspots der Biodiversität zählt. Noch wird an der touristischen Infrastruktur gearbeitet; ein Besuch dieser ökologisch hochsensiblen Region ist nur im Rahmen einer Tour mit einem dafür konzessionierten Veranstalter möglich. Informationen erhalten Sie beim Ministry of Environment and Tourism (www.met.gov.na).

Geplant ist der Bau eines Minenmuseums in Oranjemund, das Einblicke in das Leben der Region gewährt.

Südl. an Lüderitz anschließend

WUSSTEN SIE, DASS …

… im ehemaligen Diamantensperrgebiet Nr. 1 über 750 Pflanzenarten verzeichnet wurden, von denen ein Drittel nur hier vorkommt?

Wüste exklusiv: in der NamibRand
Nature Reserve auf dem Gelände der
Wolwedans Collection (▶ S. 101), einer
ökologisch ausgerichteten Lodge.

Touren und
Ausflüge

Die Flusswelten von Sambesi und Okavango kleiden
sich in tropisches Grün mit unvergleichlicher Tierwelt.
Ein Besuch bei den San ist das Kontrastprogramm.

Caprivi, Victoria Falls und Moremi – Außergewöhnlich viel Wasser

CHARAKTERISTIK: abwechslungsreiche Selbstfahrertour (4 x 4 Fahrzeug) **DAUER:** mindestens zehn Tage **LÄNGE:** 2700 km **ÜBERNACHTUNGEN:** eine Buchung  der Unterkünfte (▸ S. 121), insbesondere in den Schutzgebieten, wird dringend empfohlen
KARTE ▸ S. 149, E 4

Zehn Tage sind das Minimum für diese Tour durch den grünen Nordwesten, besser sind zwölf oder 14 Tage. Auf der ersten Hälfte geht es auf gutem Asphalt in den Caprivi-Strip, im dritten Viertel auf ausgewaschenen Pisten. Doch wäre das Okavango-Delta nicht etwas schwer zu erreichen, wäre die Tour auch nicht so interessant. Ein Mietwagen muss vom Vermieter für die Grenzübertritte freigeschrieben werden.

Windhoek ▸ Grootfontein
Verlassen Sie Windhoek frühmorgens auf der B1 nach Norden. Sie passieren **Okahandja** und fahren nun durchs Kernland der Viehzucht. Hohe, wildsichere Farmzäune rechts und links der Straße begleiten die Fahrt. Etwa 40 km vor **Otjiwarongo** ist im Osten die Silhouette des Großen Waterberges zu sehen. Die Otjibamba Lodge (▸ S. 56), 3 km vor dem Ort, bietet sich als idyllischer Rastort für einen Lunch an. 100 km weiter kündigen sich die Otavi Berge an. Ab Otavi geht es auf kurvenreicher Strecke auf der B8 durch sie hindurch, bis man schließlich **Grootfontein** erreicht. Davor lohnt ein kurzer Abstecher zum **Hoba-Meteorit**. Zur Übernachtung lädt die **Gästefarm Dornhügel** (▸ S. 73) ein.

Grootfontein ▸ Mahango Game Park
Weiter geht's durch Farmland, bis die Zäune auf halber Strecke nach Rundu enden. Ein Tor der Veterinärkontrolle teilt das Land in den Süden mit Privatbesitz an Grund und Boden und in das kommunale Land im Norden, das die Bauern nur pachten können. Landschaftlich gleichbleibend geht es bis Rundu weiter. Dörfer aus Ried gebaut lassen afrikanische Gefühle aufkommen. Kleine Maisfelder unter breitkronigen Akazien tragen das ihre dazu bei. Aber Vorsicht, immer wieder gerät Vieh, das am Wegesrand grast, auf die Straße. Auch Radfahrer kreuzen unvermittelt, das geringe Verkehrsaufkommen lässt die Achtsamkeit bei ihnen und Ihnen abflachen. In **Rundu** (30 000 Einwohner) kann man sich gut versorgen, ansonsten gibt es nichts zu sehen, es sei denn, man will einen ersten Blick auf den Okavango (angolanisch: Cubango) werfen. Am besten fährt man zur **Kavango River Lodge**, ihr Restaurant (Tel. 0 66/25 52 44, €€) über dem Fluss mit Blick über das Schwemmland Angolas gilt als ausgezeichnet. Die B8 – hier Trans Caprivi Highway genannt – läuft nun parallel zum Okavango, allerdings in gehörigem Abstand. Die Piste D3403 führt direkt am Wasser entlang, ist aber in schlechtem Zustand. 200 km hinter Rundu erreichen Sie die Brücke über den Okavango bei Bagani. Der Fluss knickt nach Süden ab und speist das

Die Victoriafälle (▶ S. 119) kurz nach der Regenzeit: Wassermassen stürzen eindrucksvoll in die Tiefe und produzieren attraktive bunte Regenbogen.

in Botswana liegende Delta. Folgt man dem Wasserlauf entlang seines westlichen Ufers, kommt man nach wenigen Kilometern zum Eingang des staatlichen Rastlagers an den **Popa Falls**. Die Stromschnellen sollte man sich schon anschauen. Vorsicht aber vor den grasenden Flusspferden; verstellt man ihnen den direkten Weg zum Wasser, greifen sie an. Die **Mahangu Safari Lodge** liegt wunderschön am Ufer des Okavango an der Grenze zum **Mahango Game Park**. Pirschfahrten und Bootsausflüge sind möglich.

Mahango Game Park ▶ Kasane
Zurück auf der B8 geht es weiter hinein in den Caprivi-Strip und den Bwabwata National Park. Tierreichtum wird man auf der Fahrt nicht feststellen, der Park ist entlang der Straße zu dicht besiedelt, und die Tiere scheuen die Menschen – bis auf die Elefanten. Hunderte ziehen des Öfteren quer über den Asphalt, dann heißt es warten. 200 km hinter Bagani geht es über den Kwando, An seinen Ufern liegt der **Mudumu National Park**. Wer ihn besuchen möchte, verliert einen Tag – andererseits gelten die Pirschfahrten mit dem Boot von der **Lianshulu Lodge** (▶ S. 75) aus als äußerst empfehlenswert. Auch die von Lianshulu organisierten Touren in den benachbarten **Mamili National Park** suchen ihresgleichen. Das Sumpfgebiet ist Heimat zahlloser Vogel- und Tierarten, die dem feuchten Habitat bestens angepasst sind. In Katima Mulilo gibt es erneut Gelegenheit für eine Mittagspause am Fluss. Das **Zambe-**

zi River Hotel (▶ S. 75) ist für seine rustikale Küche bekannt; ein Steak und ein Windhoek Lager stärken für die Weiterfahrt. Der Grenzübergang nach Botswana befindet sich an der Ngoma Bridge über den Chobe River. Die Formalitäten sind schnell abgewickelt, doch beachten Sie, dass keinerlei tierische Produkte wie Fleisch oder Milch/Käse über die Grenze gebracht werden dürfen. Knapp 60 km sind es nun nach Kasane, Ausgangspunkt für Unternehmungen am Zusammenfluss von Chobe und Sambesi. Zur Übernachtung eignet sich die **Water Lily Lodge** direkt im Ort, mit herzlicher Atmosphäre, oder extrem exklusiv die **Ntwala Island Lodge** auf einer kleinen Inselgruppe an den Mambova-Stromschnellen mit unglaublichem Luxus.

MERIAN-Tipp ✡ 10

ZUM TEE IM VICTORIA FALLS HOTEL ▶ S. 151, F 5

Von der Terrasse des Hotels blickt man auf die Gischt, nippt – ganz britisch – am Tee aus feinem Porzellan und verspeist dazu Gebäck oder Sandwiches. Seit 100 Jahren wird dies nun so gehandhabt, und alle Welt war hier, von Queen Elisabeth bis Hillary Clinton. Gesättigt macht man sich dann auf den Weg hinunter zu den Fällen an den Elefanten und Pavianen vorbei und genießt den Blick auf die Fälle und in die tosende Schlucht.
Victoria Falls, Victoria Falls Hotel • Tel. 0 02 63/13/4 47 51 • www.africasunhotels.com • 160 Zimmer • €€€

Kasane ▶ Victoria Falls/Livingstone

Am nächsten Morgen hat man zwei Möglichkeiten zur Weiterfahrt: mit der Fähre über den Sambesi und in Sambia den Fluss entlang nach Livingstone an der sambischen Seite der Victoriafälle oder auf der Straße nach Simbabwe und dort bis Victoria Falls. Beide Strecken sind in etwa gleich lang. Wer auf der Buchungsliste eines der Hotels in Livingstone steht, muss in Sambia keine Visumgebühren zahlen, Simbabwe hingegen erhöht seine Visumgebühren regelmäßig entsprechend den Bedürfnissen des Präsidenten. Simbabwes Politik in Sachen Kreditkarte ist nicht durchschaubar und auch nicht kalkulierbar. Welches Unternehmen gerade akzeptiert wird, hängt von Lust und Laune des Präsidenten ab. Auf jeden Fall müssen alle Waren und Dienstleistungen in Devisen bezahlt werden. Livingstone hat von der politischen Situation in Simbabwe stark profitiert, während Victoria Falls unter dem ausbleibenden Besucherstrom leidet. Unsicher ist keiner der beiden Orte – wenn auch in Livingstone das Lebensgefühl wesentlich lockerer ist. Viele Touristen nächtigen deshalb dort, bestaunen die Fälle von der Sambia- und anschließend mit einem Tagesvisum von der Simbabweseite aus. Nächtigt man in Victoria Falls, ist die Unterkunft im traditionsreichen **Victoria Falls Hotel** (▶ MERIAN-Tipp, S. 118) fast zwingend. Doch auch Livingstone kann Luxus vorweisen. Im **Royal Livingstone Hotel** steht dem Gast ein eigener Butler zur Verfügung, zu den Fällen ist es nur ein Katzensprung. Wer günstiger unterkommen will, geht ins **Chrismar Hotel**.

Die 1989 zum UN-Weltnaturerbe erklärten **Victoriafälle** 🔟 wurden am 16. November 1855 vom ersten Weißen gesichtet: Der berühmte Entdeckungsreisende David Livingstone bestaunte den »Donnernden Rauch – Mosi-oa-Tunya«. Die Fälle sind nicht die höchsten der Welt, aber die breitesten. Nirgends sonst ergießt sich das Wasser in einer Breite von über 1700 m 110 m in die Tiefe. Hoch wallt die Gischt in den Himmel und lässt tropischen Regenwald rund um die Fälle wachsen. Die üppige Natur zieht auch Elefanten an, die gemächlich am Blattwerk rupfend durch den Urwald und an den Touristen vorbeiziehen. Paviane springen von Ast zu Ast, und Moskitos umschwirren die Besucher. Auf glitschigen Wegen, über Steige und Brücken geht es umhüllt vom allgegenwärtigen Sprühnebel an den Fällen entlang, geschäftstüchtige Einheimische verleihen Regenschirme und -capes. Der Sambesi stürzt während der Regenzeit mit bis zu 10 000 m³/s in die Tiefe, während der Trockenzeit sind es nur 170 m³/s. Läuft zu viel Wasser, ist der Blick in die Tiefe getrübt, bei zu wenig Wasser sind die Fälle nicht so eindrucksvoll. Das Optimum liegt in der Mitte, im Südherbst, wenn die Regenzeit einige Wochen zurückliegt.

Die Victoriafälle sind ein wanderndes Schauspiel: Die Abbruchkante verlagert sich – unmerklich zwar, aber dennoch – immer weiter nach Norden und hinterlässt am Unterlauf einen engen Canyon, der in zahlreichen Schleifen durch die Landschaft mäandert, ein idealer Platz für Rafting mit dem Schlauchboot, vorbei an müßigen Krokodilen und trägen Flusspferden. Der Sambesi entspringt in Sambia nahe der Grenze zum Kongo und ist mit fast 2600 km der viertlängste Fluss Afrikas. Seine Wassermassen ergießen sich in Mosambik in den Indischen Ozean.

Eine Brücke über den Sambesi verbindet die Länder Simbabwe und Sambia. Sie entstand als Eisenbahnbrücke im Jahr 1905. Wer mag, stürzt von ihr, an ein Bungee-Seil gebunden, in die Tiefe. Ultraleichtflugzeuge und Helikopter schwirren durch den Himmel und erlauben fantastische Ausblicke auf den breiten, ruhigen Strom mit zahlreichen dicht bewachsenen Inseln, den plötzlichen Abbruch und die engen Schleifen des Canyons.

Victoria Falls/Livingstone ▶

Chobe-Schutzgebiet

Da man in den **Chobe National Park** mit mindestens acht Stunden Fahrzeit rechnen muss (entsprechend Verpflegung, Wasser und Treibstoff mitnehmen), sollte man in aller Frühe losfahren. Auf gleicher Strecke geht's zurück Richtung Ngoma Bridge an der namibischen Grenze. Kurz davor führt eine Piste nach Süden Richtung Seriba und Kachikau. Durch zahlreiche Dörfer hindurch geht es die ersten 40 km bis Kachikau auf Teer, dann auf Piste, die zunehmend sandig und weicher wird – ab hier ist ein Geländefahrzeug obligatorisch. Auf schmaler Piste mit tiefen Spuren fährt man nun durch dichten Busch und nach weiteren 40 km schließlich in das Chobe-Schutzgebiet ein. Am Tor wird der Eintritt kassiert. Nach 30 km ist Savute erreicht mit einem staatlichen Restcamp und zwei Luxuslodges: **Savute Safari Lodge** und **Savute Elephant Camp**. Ein Netz von Wegen auf der

Savute-Ebene führt zu zahlreichen Malereien und Felsritzungen der San. Löwen, Elefanten, Giraffen und Antilopen bevölkern die Region. Nun folgen 50 km auf eine anspruchsvollen, stark ausgespülten Piste mit einigen tiefsandigen Abschnitten. Richtung Maun bis zum Ausfahrtstor Mababe Gate. Wer nicht direkt nach Maun fährt, sondern einen Abstecher in den **Moremi Park** des Okavangodeltas unternehmen will, biegt etwa 2 km hinter dem Gate Richtung Westen ab.

Mababe Gate ▶
Moremi Game Reserve

Während und einige Wochen nach der Regenzeit im Südherbst können die Wege im Reservat unpassierbar sein. Nur der östliche Bereich des Parks ist außerhalb dieser Zeit mit dem Fahrzeug zu befahren, der westliche Teil ist nur mit Flugzeugen von Maun aus erreichbar. Die schönsten und teuersten Luxuscamps der Welt befinden sich in Moremi, es finden Elefanten-Reitsafaris statt, und die Besucher werden von allen Seiten umsorgt und in Mokoro-Booten, die aus einem Baumstamm gehöhlt wurden, durchs flache Delta des Okavango gestakt. Man gleitet durch Seerosenteppiche lautlos an der reichen Tierwelt vorbei. Doch auch der östliche Bereich hat seinen Reiz, wenn man auf eigene Faust auf Pirschfahrt geht. 40 km sind es vom Mababe Gate bis zum Eingang nach Moremi, dem North Gate. Hier findet sich die **Khwai River Lodge**. Staatliche **Zeltplätze** liegen am North Gate, am South Gate und innerhalb des Reservates bei Third Bridge und nahe der Boat Station. Moremi gehört zu den schönsten und wildreichsten Parks von Bots-

wana. Mopanewälder und Riedgras umstehen die zahlreichen Arme des Deltas, Chief Island in der Mitte gilt als Juwel für die Tierbeobachtung. Die großen Säuger sind vertreten, ebenso wie eine unglaublich reiche Vogelwelt, die die Tümpel umschwirrt.

Moremi Game Reserve ▶ Maun

Maun ist das Einfallstor in das **Okavangodelta** (▶ S. 123). Zahlreiche Hotels und Safariunternehmen bemühen sich um die Gäste aus aller Welt, die auf dem internationalen Airport landen. Ob man nun eine Backpackertour ins Delta startet oder hochluxuriös mit dem Kleinflugzeug eingeflogen wird, für jeden Geschmack ist etwas im Angebot. Im **French Connection** (nahe dem Flughafen, Tel. 0 02 67/6 80 06 25 €€) speist man mit französischem Einschlag, das **Bon Arrivé** (am Flughafen €€) serviert Snacks und ist Treffpunkt der Piloten. Wer nächtigen will, kann dies im **Riley's** tun.

Maun ▶ Ghanzi

300 km sind es auf der Teerstraße des Trans Kalahari Highways durch die Wüste bis Ghanzi im Herzland der San. Mehrere Projekte am Wegesrand werden von den San geleitet und schaffen ihnen ein Auskommen im Tourismus. Informationen hierzu erteilt in Ghanzi der Laden **Ghanzi Crafts** (Harry Jankie Avenue, Tel. 0 02 67/6 59 62 41, www.kuru.co. bw). Unterkunft gewährt die **Tautona Lodge** mit Bungalows in einem Garten mit Pool, 5 km südlich von Ghanzi.

Ghanzi ▶ Windhoek

Auf gutem Asphalt geht es nun 200 km lang schnell an die Grenze bei Buitepos. Die Grenzformalitäten sind unproblematisch. Über **Goba-**

bis (▸ S. 52) erreicht man durch die Kalahari auf guten Straßen weiterfahrend Windhoek.

ÜBERNACHTEN

Mahango Game Park:
– Mahangu Safari Lodge: Tel. 0 66/25 90 37 • www.mahangu.com.na • 7 Bungalows, 4 Zelte • €€€
Kasane (Botswana):
– N'twala Island Lodge: Tel. 00 27/11/2 34 99 97 • www.islandsinafrica.com • 4 Suiten • €€€€
– Water Lily Lodge: Tel. 0 02 67/6 25 17 75 • 10 Zimmer • € – €€
Livingstone (Sambia):
– Royal Livingstone Hotel: Tel. 00 27/11/7 80 78 00 • www.sun international.de • 173 Zimmer und Suiten • €€€€
– Chrismar Hotel: Tel. 002 60/3/32 31 41 • www.chrismar.co.zm • 60 Zimmer • €€€

Chobe (Botswana):
– Savute Elephant Camp: Tel. 00 27/21/4 83 16 00 • www.orient-express.com. • 12 Bungalows • €€€€
– Savute Safari Lodge: Tel. 00 27/11/7 06 08 61 • www.desertdelta.com • 12 Bungalows • €€€€
Moremi (Botswana):
– Khwai River Lodge: Tel. 00 27/21/4 83 16 00 • www.khwairiverlodge.com • 15 Bungalows • €€€€
– Staatliche Zeltplätze: Department of Wildlife and National Parks • Maun • Tel. 0 02 67/6 86 03 68
Maun (Botswana):
– Riley's: Main Road • Tel. 00 27/21/8 55 55 47 • www.rileys hotel.com • 52 Zimmer • €€€
Ghanzi (Botswana):
– Tautona Lodge: Tel. 0 02 67/6 59 74 99 • www.tautonalodge.com • 31 Zimmer, 16 Chalets • €€

Näher kann man kaum an die grauen Riesen rankommen als hier auf der Terrasse eines Bungalows auf Stelzen der luxuriösen Khwai River Lodge (▸ S. 120).

Kanuabenteuer auf dem Orange River – Durch Stromschnellen ans Lagerfeuer

CHARAKTERISTIK: vier Tage mit Kanus auf dem Fluss und etwa zweistündige Rückfahrt **DAUER:** fünf Tage **LÄNGE:** ca. 70 km Bootsfahrt und ebenso viele Kilometer Rückfahrt zum Hauptcamp **EINKEHRMÖGLICHKEIT:** Verpflegung durch die Guides **VERANSTALTER:** Felix Unite, 14 Stibitz Street, Westlake 7945 Cape Town, South Africa, Tel. 0 27/21/7 02 94 00, www.felixunite.com
KARTE ▸ S. 152, C 12

Die Kanutour auf dem Orange River wird von verschiedenen Reiseveranstaltern angeboten, darunter die im Folgenden beschriebene von »Felixe Unite«. Auch Anfänger können teilnehmen. Sie werden von erfahrenen Guides begleitet.

Noordoewer ▸ Provenance Camp

Zum Ausgangspunkt, dem Provenance Camp, fahren Sie von Noordoewer noch ca. 9 km am Orange River entlang. Zwischen 17 und 21 Uhr sollten Sie eintreffen, wenn Sie sich mit einem köstlichen Feldküchen-Dinner auf das kommende Abenteuer einstimmen möchten. Dann heißt's Sachen packen: Für vier Tage auf dem Fluss benötigen Sie einen guten Sonnenschutz, für die Nächte unter dem Wüstenhimmel Schlafsack und Isomatte und in der kühleren Jahreszeit ein Zelt. Waschzeug, Fleecejacke, Kamera – viel Platz ist nicht in den Booten, Beschränkung ist gefragt. Die Tour beginnt am nächsten Morgen mit einer Einweisung. Die Mohawks sind schnelle Zwei-Mann-Kanus aus Fiberglas, leicht zu steuern. Dann wird's ernst: Der Fluss fließt hier träge und ruhig zwischen gelbbraunen Bergen. Über den Booten kreist ein Fischadler. Ansonsten paradiesische Ruhe. Nach dem üppigen Mittagessen haben die meisten die richtigen Schläge gelernt. Am Ufer wird das

Nachtlager aufgeschlagen, ein Toilettenhäuschen improvisiert, und die müden Glieder erfrischt ein Bad im glasklaren Fluss.

Zweite Etappe: »Schwimmwesten an« signalisieren die Guides. Tatsächlich, das stille Wasser strömt schneller, der Fluss trägt schaumgekrönte Wellen. Die erste Bewährungsprobe bestehen alle mit Herzklopfen und Bravour. An den kargen Ufern lässt sich hier und da Wild blicken, ein Hartmannsches Bergzebra, eine Horde Paviane. Und zahllose Vögel. Am Ende der zweiten Etappe sind die Teilnehmer schon alte Hasen; jeder Handgriff sitzt.

Tag drei: Die Guides warnen. Heute steht die »Ochsenpeitsche«, Sjambock, auf dem Programm. Die Stromschnellen sind nicht ungefährlich, die Felswände rücken eng zusammen, zwei Walzen sind nacheinander zu bezwingen. Derart eingestimmt rutscht so manchem das Herz in die Hose, und angesichts des tobenden Rauschens voraus wird die Stimmung nicht entspannter. Dann fahren die Boote nacheinander hindurch – und es ist zwar spannend, aber nicht so schlimm wie gedacht.

Am vierten Tag zeigt der Fluss wieder sein ruhiges Gesicht. Nach entspannten Stunden auf dem Fluss ist der letzte Schlafplatz erreicht.

Das westliche Okavangodelta – Büffel, Krokodile und Felsmalereien

CHARAKTERISTIK: Selbstfahrertour (Pkw) auf vorwiegend guten Straßen **DAUER:** sechs Tage **LÄNGE:** ca. 2000 km **ÜBERNACHTUNGEN:** eine Buchung der Unterkünfte (▸ S. 124), insbesondere in den Schutzgebieten, wird dringend empfohlen
KARTE ▸ S. 149, E 4

Die ganze Strecke ist auf gutem Asphalt zu bewältigen. Nur ein kurzer Abschnitt in Nordnamibia ist Piste, ebenso der Abstecher nach Tsodilo Hills. Ein Mietwagen muss vom Vermieter für die Grenzübertritte freigeschrieben werden.

Windhoek ▸ Mahango Game Park

Die Anfahrt bis Bagau (▸ S. 150, C 5) ist in der Route »Caprivi, Victoria Falls und Moremi« beschrieben (▸ S. 116). Der Mahango Game Park gehört wie die Parks Mudumu und Mamili (▸ S. 75) und das Hegegebiete Buffalo Score zum wildreichen Bwabwata National Park. In der **Mahangu Safari Lodge** am Ufer des Okavango und direkt an der Grenze zum **Mahango Game Park** nächtigt man luxuriös und günstig. Besonders Birdwatcher sind begeistert; wer will, angelt.

Mahango Game Park ▸ Okavangodelta

Wenige Kilometer guter Piste sind es quer durch den Park dem Ufer des Okavango folgend nach Süden bis zum Grenzübergang von Botswana. Hier bei Shakawe beginnt der Fluss sich zu verzweigen. »Panhandle – Pfannenstiel« wird dieser Abschnitt genannt, der etwa 100 km weiter endgültig ins Binnendelta mündet. 15 000 qkm misst das Delta mit Flussarmen, Flutflächen und Inseln. Regnet es in Angola zwischen Oktober und April, schwillt der auf dem Benguela-Plateau entspringende Fluss an und speist das Delta, das sich nach und nach füllt. Vier Monate benötigt das Wasser von den Popa Falls bis Maun. Bis Juli kann das dauern, und damit finden die Tiere in der größten Trockenheit den Lebensspender – Hauptgrund für den Wildreichtum im Delta. In der Trockenzeit hingegen versiegt der mit 1700 km Länge drittgrößte Strom Afrikas. Die zuvor ins Delta eingebrachten Wassermassen, soweit sie nicht verdunstet sind, drücken nun ab Juni/Juli zurück, und der Fluss nimmt in seinem Unterlauf die umgekehrte Richtung, das Delta fällt zu großen Teilen trocken, nur im Panhandle und im nördlichen Bereich des Deltas steht ganzjährig Wasser. Einige Lodges am westlichen Ufer des Panhandles sind Zielpunkte für Tierinteressierte, die sich mit dem Mokoro-Einbaum auf Pirschfahrt begeben. **Drotsky's Cabins** (25 km südlich der Grenze) mit seinen Ablegern auf Halbinseln mitten im Panhandle **Xaro** und **Lawdons Lodge** (25 km südlich der Grenze und 15 Min. Bootsfahrt) gehören zu den traditionsreichsten Unterkünften.

Okavangodelta ▸ Tsodilo Hills

15 km südlich von Drotsky's Cabins führt eine feste Piste nach Westen. 40 rüttelnde Kilometer auf ihr brin-

gen das Fahrzeug zum **Weltkulturerbe Tsodilo Hills** mit seinen Felsmalereien. Schon aus großer Entfernung sind die vor 450 Mio. Jahren entstandenen drei Bergkuppen – den San nach Vater, Mutter und Kind – zu sehen.

An diesem für die San heiligen Platz in der Kalahari haben diese die schönsten Felsbilder hinterlassen. Bei mehreren Wanderungen hinauf auf 1395 m Höhe (aber nur 410 m über der Ebene) lassen sich die Malereien und Ritzungen bestaunen. 800 bis 1300 Jahre alt sind die Zeichnungen, die Hügel mit einer ständigen Quelle aber waren wohl schon vor 100 000 Jahren ein Siedlungszentrum. Die wichtigste Ansammlung der insgesamt mehr als 4000 Malereien befindet sich auf der »Rhino Trail« genannten Wanderung am Van der Post Panel. Hoch oben an einer Felswand stehen fein gearbeitet Giraffe und Eland.

Tsodilo Hills ▶ Windhoek

Vom Abzweig von der Hauptstraße nach Tsodilo Hills bis Ghanzi fahren Sie auf Asphalt knapp 500 km, von dort 200 km weiter an die Grenze bei Buitepos. Die Grenzformalitäten sind unproblematisch. Über Gobabis (▶ S. 52) erreicht man Windhoek.

ÜBERNACHTEN

Mahango Game Park:
– Mahangu Safari Lodge: Tel. 0 66/ 25 90 37 • www.mahangu.com • 7 Bungalows, 4 Zelte • €€€
Okavangodelta (Botswana):
– Drotsky's Cabins: Tel. 0 02 67/6 87 50 35 • www.drotskycabins.com • 6 Chalets • €€
– Xaro/Lawdons Lodge: Tel. 0 02 67/ 6 87 50 35 • www.drotskycabins. com • 8 Zelte • €€€
Ghanzi (Botswana):
– Tautona Lodge: Tel. 0 02 67/6 59 74 99 • www.tautonalodge.com • 31 Zimmer, 16 Chalets €€

Der Einbaum, Mokoro genannt, ist das traditionelle Fortbewegungsmittel im Okavanodelta. Mit ihm werden auch Touristen durchs flache Wasser gestakt.

Ein Besuch bei den San – Ungewöhnliche Begegnungen

CHARAKTERISTIK: Selbstfahrertour (Pkw/Geländewagen) DAUER: fünf Tage
LÄNGE: 1500 km ÜBERNACHTUNGEN: eine Buchung der Unterkünfte wird dringend empfohlen
KARTE ▶ S. 149, E 4

Auch wenn ein Großteil der Strecke auf Piste zu bewältigen ist, reicht ein Pkw aus, wenn man auf größere Rundfahrten um Tsumkwe und die mögliche abenteuerliche Alternative durch den abgelegenen **Khaudom Park** verzichtet. Für eine Fahrt auf dessen tiefsandigen und einsamen Wegen sind mindestens zwei Geländewagen und volle Ausrüstung vorgeschrieben.

Windhoek ▶ Grootfontein
Die Anfahrt ist in der Route »Caprivi, Victoria Falls und Moremi« (▶ S. 116) beschrieben. Von Grootfontein folgt man der Hauptstraße B8 55 km weiter nach Norden und biegt dann in die Piste C44 ein.

Grootfontein ▶ Grashoek Traditional Village
Schnurgerade verläuft die Piste nach Osten. Nach knapp 70 km gelangen Sie an ein Tor der Disease Control Authority und befinden sich nun wieder auf kommunalem Grund – einem ehemaligen Homeland. Kurz hinter dem Tor geht es rechts ab auf einer etwas sandigen, 6 km langen Piste zum **Grashoek Traditional Village** der Ju/'Hoansi-San. Mitten im Busch haben sie einen einfachen und sauberen Campingplatz errichtet, Baobabs – Affenbrotbäume – geben der Umgebung den ganz besonderen Touch.
Bei zahlreichen Aktivitäten bringen die San den Besuchern ihr traditionelles Leben nahe. Man darf an einer Hochzeitszeremonie teilnehmen, sieht die unglaublichen Tänze der Urbevölkerung des Landes, bei denen die San auf verblüffendste Weise mit nur spärlichen Bewegungen, aber eben äußerst treffsicher die Tiere der Kalahari vor die Augen der Zuschauer bringen: Strauße, Giraffen, Elefanten oder auch Springböckchen. Die traditionelle Jagd wird erklärt oder wie man Feuer ohne moderne Hilfsmittel entfacht, und in Workshops wird demonstriert, wie seit Urzeiten die Artefakte der San entstehen.

Grashoek Traditional Village ▶ Tsumkwe
150 km weiter ist Tsumkwe erreicht, der Hauptort im Siedlungsgebiet der San. Die Streusiedlung wirkt nicht sehr attraktiv, aber Sie sind ja nicht hergekommen, um eine Stadt zu sehen, sondern etwas über die San in der Kalahari zu erfahren. Unterkunft wird in der **Tsumkwe Country Lodge** (▶ S. 74) angeboten, die auch diverse Aktivitäten organisiert. Man unternimmt z. B. am ersten Tag eine Rundtour durch den Busch, am zweiten Tag stehen Besuche in den Dörfern der San auf dem Programm. Wer will, kann sich auch mit dem eigenen Fahrzeug auf Entdeckungsreise begeben.
Eine intensive Buscherfahrung ist die Übernachtung im **Nhoma Safari**

Ein San-Krieger demonstriert die Jagdmethoden seines Volkes. Sie haben sich den widrigen Lebensumständen in der Wüste perfekt angepasst.

Camp (▸ S. 74) nahe dem Dorf //Nhoq'ma 80 km nordwestlich von Tsumkwe. Tief im Busch wohnt man luxuriös quasi Seite an Seite mit den Ju/'Hoansi-San. Man lernt, wie die San in der Vergangenheit lebten, wie sie sich ernährten und Medizin aus den Pflanzen gewannen. Wer Glück hat, kann an einer echten Jagd teilnehmen, aber auch die Kunstfertigkeit des Seilflechtens, Fallenbauens und Feuermachens ist außerordentlich beeindruckend.

Tsumkwe ▸ Okakarara

Nun steht wieder Pistenfahrt auf dem Programm. Die lange Strecke bis Okakarara erfordert einen frühzeitigen Start und Mitnahme eines Picknickkorbs. Einige Kilometer hinter dem Gate beim Grashoek Village zweigt nach Süden die Piste D2893 ab, in die Sie einbiegen. Nach

etwa 40 km nehmen Sie die D2868/2874 abermals nach Süden Richtung Coblenz/Okakarara und gelangen bei Otjituuo auf die C47, der Sie weiter nach Süden folgen.

Okakarara ▸ Windhoek

10 km hinter Okakarara an der C22 liegt die **Hamakari Gästefarm** (▸ S. 57, nur mit Halbpension). Auf ihrem Grund nahm die verhängnisvolle Flucht der Herero nach der Schlacht am Waterberg ihren Ausgang. Man besucht den Brunnen, an dem die Herero-Führer entschieden, sich mit ihrem Volk in die lebensfeindliche Omaheke-Wüste zurückzuziehen, und einen Schutztruppenfriedhof. Die Farmbesitzer wissen allerlei über diese Zeit zu erzählen.

Am Waterberg vorbei erreichen Sie nun die B1, die Sie direkt nach Windhoek zurückbringt.

Wildes Land – Eine Tour zu den Himba im Kaokoveld

CHARAKTERISTIK: Selbstfahrertour (Pkw/Geländewagen) **DAUER:** vier bis fünf Tage **LÄNGE:** 950 km **ÜBERNACHTUNG:** eine Buchung der Unterkünfte wird dringend empfohlen

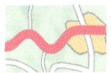 **KARTE ▸ S. 148, C 1**

Die Tour ins Kaokoveld ist mit hochbeinigem Pkw machbar, aber ein Geländewagen ist robuster und ermöglicht Abstecher auf Pisten.

Kamanjab ▸ Fort Sesfontein

Ausgangspunkt ist das Städtchen Kamanjab, 150 km nordwestlich von Outjo an der C40. Nach der Ortsdurchfahrt wird die Straße zur Piste und führt weiter nach Westen in die Wildnis des Damaralandes; über den 1645 m hoch gelegenen Grootberg-Pass erreichen Sie schließlich Palmwag, eine Oase im Wüstengebirge. Die gleichnamige Lodge ist ein beliebter Treffpunkt der Offroadfahrer; im Camp sind regelmäßig Wüstenelefanten zu Besuch. Sie fahren auf der C43 nun schnurstracks nach Norden und treffen auf das Dorf Warmquelle, in dem Himba und Herero leben. Die miteinander verwandten Volksgruppen könnten unterschiedlicher nicht sein: Die Hererofrauen kleiden sich in der von den Missionaren verordneten Tracht, hochgeschlossenen viktorianischen Kleidern mit weiten Pluderröcken, auf dem Kopf eine seltsame Haube, die an Rinderhörner erinnert. Die Himba hingegen tragen wenig mehr als Lendenschurze und auffälligen Kupferschmuck, die Haare sind zu kunstvollen Zopffrisuren gedreht. Ein Stück weiter bietet die **Fort Sesfontein Lodge** (▸ S. 61) Unterkunft mit Kolonialflair.

Fort Sesfontein ▸ Epupa-Fälle

Am folgenden Tag steht eine lange Etappe an. Immer tiefer geht es nun in die Gebirgslandschaft des Kaokoveld nach Norden, über den steilen Joubert-Pass und an den Joubert-Bergen entlang. Hin und wieder liegen Himba-Dörfer am Straßenrand. Die Landschaft wird zunehmend grüner, in der Savanne stehen Akazien und Blutfruchtbäume. Für den Besuch von **Opuwo**, dem Verwaltungsort des Kaokovelds, bleibt auf der Rückfahrt Zeit. Wer seine Vorräte aufstocken möchte, hat hier gute Gelegenheit dafür. Bis Epupa sind es noch 170 km Piste mit einigen sandigen Durchfahrten von Trockenflussbetten; die Landschaften sind grandios. Schließlich ist der Kunene mit den spektakulären **Epupa-Fällen** ❸ erreicht. Übernachtet wird im Omarunga Camp (▸ S. 63).

Epupa-Fälle ▸ Kamanjab

Nehmen Sie sich am folgenden Tag ruhig Zeit, die Gegend zu erkunden oder an den angebotenen Aktivitäten wie Rafting teilzunehmen. Mittags sollten Sie sich dann auf den Rückweg machen, der bis Opuwo auf gleicher Strecke verläuft. Für die Übernachtung empfiehlt sich das **Opuwo Country Hotel** (▸ S. 62).

Für die Rückfahrt nach Kamanjab wählt man nun die bequemere und schnellere C41 nach Osten und danach die C35 nach Süden.

Vom Hochland in die Wüste – Über die schönsten Passstraßen Namibias

CHARAKTERISTIK: Selbstfahrertour (Pkw) **DAUER:** drei Tage **LÄNGE:** 620 km
ÜBERNACHTUNGEN: eine Buchung der Unterkünfte (▸ S. 129) wird dringend empfohlen
KARTE ▸ S. 149, E 4

Wie fast immer in Namibia heißt's früh aufstehen, denn die Strecken sind lang und die Morgenstunden die schönsten des Tages. Sie können unterwegs nirgends einkehren; packen Sie also einen Picknickkorb für den Lunch an einer landschaftlich besonders schönen Stelle ein!

Windhoek ▸ Spreetshoogte-Pass
Von Windhoek geht's auf der viel befahrenen B1 nach Süden bis Rehoboth, wo Sie kurz nach der Ortsdurchfahrt nach Westen auf die C24 abbiegen, den Stausee Lake Oanob passieren und durch Savannenlandschaft auf den Felsabbruch des Great Escarpments zufahren. Windräder markieren die Stellen, an denen auf dem Farmland Wasser für das Vieh gepumpt wird; Paviane beäugen von Anhöhen das passierende Fahrzeug. Bei der Nama-Siedlung Nauchab beginnt dann das Abenteuer: Die Staubstraße D1275 schlängelt sich in steilen Kehren den **Spreetshoogte-Pass** 🌟 hinunter. Es gibt viele Passstraßen in Namibia, und jede bietet herrliche Ausblicke, doch wahre Namibia-Liebhaber sind sich einig: Mit dem Blick vom Spreetshoogte-Pass kann keine konkurrieren. Da man ihn wegen der 22 % Gefälle am besten bergab befährt, hat man das Panorama des Namib ständig vor Augen. Nicht ablenken lassen! Trotz der Farmzäune beiderseits der Straße kann es passieren, dass plötzlich

Wild quert – ein Kudu oder gar eine Warzenschweinfamilie!

Spreetshoogte-Pass ▸ Sesriem
In der Ebene angekommen, folgt die Tour nun durch wüstenhafte Landschaften der C14 nach Südosten. Solitaire heißt eine einsam liegende Raststation am Wegesrand mit Tankstelle und Winkel, wie die Namibier einen Kramerladen nennen. Hier gibt es nach Meinung vieler Durchreisender den besten Apple Pie Namibias. Derart gestärkt ist das letzte Teilstück bis Sesriem ein Kinderspiel, begleitet von den majestätischen Bergen der Randstufe im Osten und Ausläufern des Dünenmeers im Westen. Übernachtet wird in der hoch luxuriösen **Sossusvlei Lodge** (▸ S. 98) oder auf dem Zeltplatz von Sesriem (NWR ▸ S. 47). Der folgende Tag beginnt vor Morgengrauen und gehört dem Besuch der Dünenriesen am Sossusvlei, die man möglichst bei Sonnenaufgang erleben sollte.

Sesriem ▸ Gästefarm Rooiklip
Auf der C14 nach Norden fahrend führt die Tour am dritten Tag entlang der Grenze des Namib-Naukluft-Parks bis zur Einmündung der C26, auf der Sie nach Windhoek zurückkehren. Davor lohnt aber noch ein Abstecher tiefer in die Namib über den Kuiseb-Pass zum Kuiseb Canyon (24 km): In dieser Wüstenschlucht verbargen sich zwei deutsche Geologen vor der drohenden

Internierung durch die südafrikanischen Besatzer im Zweiten Weltkrieg. Zwei Jahre lebten die Männer ausschließlich von dem, was sie in der Wüstenumgebung jagen oder pflanzen konnten.

Zurück bergauf und auf die C26 einbiegend, folgt nach 30 km das Schild zur **Gästefarm Rooiklip**, dem nächsten Übernachtungsstopp. Hannelore Neuffer und Frans van Biljon führen die gemütliche Unterkunft mit großem Engagement – gerade haben sie einen farmeigenen Kindergarten für die Kinder der Angestellten und aus der Nachbarschaft eröffnet. Mit dem zahmen Oryx Willi und dem ebenfalls meist sanftmütigen Zebra Linus finden Sie hier exotische Begleiter bei Wanderungen übers Farmgelände am Fuß des Gamsbergs.

Gästefarm Rooiklip ▸ Windhoek

Am folgenden Morgen beginnt dann der Aufstieg zum Hochland: Über den **Gamsberg-Pass** (11% Steigung, 1494 m) und den **Kupferberg-Pass** (8 % Steigung, 2050 m) klettert die C26 bergan, und mit jeder Kurve verändert sich die Landschaft: Aus der Halbwüste wird mit silbrig glänzendem Gras bewachsene Trockensavanne, Kameldornbäume werfen ihren Schatten über weidende Rinder, und auch die Paviane sind wieder da, frech wie eh und je. Das Farbenspiel der dunklen Berghänge und der hell schimmernden Namib-Ebene ergibt an vielen Stellen ein herrliches Fotomotiv.

Nach Überwindung des Kupferberg-Passes geht's wieder zurück nach Windhoek.

ÜBERNACHTEN

Gamsberg:
– Gästefarm Rooiklip: Tel. 0 62/
57 21 26 • www.rooiklip.iway.na •
6 Zimmer • €€ – €€€

Viel Staub begleitet die Reisenden auf einer Tour über die Pässe, hier der Gamsberg Pass (▸ S. 129). Dank wenig Gegenverkehr ist das Autofahren trotzdem entspannt.

Kleinflugzeuge sind ein beliebtes und nicht allzu teures Fortbewegungsmittel in Namibia, da man damit auch zu den abgelegenen Lodges kommt.

Wissenswertes
über Namibia

Nützliche Informationen für einen gelungenen
Aufenthalt: Fakten über Land, Leute und Geschichte
sowie Reisepraktisches von A bis Z.

Auf einen Blick

Mehr erfahren über Namibia – Informationen über Land und Leute, von Bevölkerung über Lage, Geografie, Politik, Verwaltung und Religion bis Wirtschaft.

AMTSSPRACHE: Englisch
BEVÖLKERUNG: Vielvölkerstaat
EINWOHNER: ca. 2 Mio.
FLÄCHE: 894 292 qkm
HAUPTSTADT: Windhoek
INTERNET: www.namibia-tourism.com
RELIGION: 87 % Christen, davon 80 % Protestanten, 20 % Katholiken
STAATSFORM: Parlamentarische Demokratie
STAATSOBERHAUPT: Hifikepunye Pohamba
VERWALTUNG: 13 Regionen
WÄHRUNG: Namibia Dollar, N$

Bevölkerung

Etwas mehr als 2 Mio. Menschen leben in einem Land, das doppelt so
groß ist wie Deutschland. Die Hälfte
von ihnen gehört zum Volk der
Ovambo, mit je etwa 10 % folgen die
Kavango und Farbige. Herero, Damara und Weiße stellen jeweils ca.
7 %, Nama und Caprivianer jeweils
etwa 5 %. San und Baster bilden mit
je 2 % die kleinsten Gruppen des
Vielvölkerstaates.

Von den 120 000 Weißen sind etwa
ein Fünftel deutschen Ursprungs, sie
pflegen fast durchweg noch ihr tra-
diertes Brauchtum und treffen sich
z. B. gerne auf dem Oktoberfest.

Die Lebenserwartung ist mit 52 Jahren (sowohl bei Frauen als auch bei
Männern) relativ niedrig, ein Effekt,
der der hohen HIV-Rate des Landes
geschuldet ist.

Schweizerisches Generalkonsulat
Konsulat in Kapstadt • Tel. 00 27/
21/4 00 75 00

FEIERTAGE

1. Januar Neujahr
21. März Unabhängigkeitstag
Karfreitag
Ostermontag
1. Mai Tag der Arbeit
4. Mai Cassinga-Tag
25. Mai Afrikatag
26. August Heldengedenktag/
Hereroтag
10. Dezember Tag der Menschen-
rechte
25. Dezember 1. Weihnachtstag
26. Dezember 2. Weihnachtstag/
Familientag

FOTOGRAFIEREN

Sowohl Filme wie auch Speicher-
chips sind in Windhoek und Swakopmund erhältlich. Für Tierauf-
nahmen sollte ein Teleobjektiv in der
Ausrüstung sein. Hoch empfindliche
Filme sind in den Morgen- und
Abendstunden hilfreich. Wegen des
allgegenwärtigen Pistenstaubes ist
eine dicht schließende Kamerata-
sche vonnöten. Das Ablichten von
Menschen wirft normalerweise keine Probleme auf, dennoch sollte man
gerade in abgelegenen Gebieten vorher fragen – unter Umständen wird
ein kleines Geldgeschenk erwartet.

GELD

10 N$	1 €/1,20 SFr
1 €	10 N$
1 SFr	8,20 N$

Der namibische Dollar (N$) ist mit
festem Wechselkurs an den südafrikanischen Rand gebunden, in Nami-

NEBENKOSTEN

1 Tasse Kaffee	1,50 €
1 Bier	1,50 €
1 Cola	1,00 €
1 Brot (ca. 1 kg)	1,20 €
1 Schachtel Zigaretten	2,50 €
1 Liter Benzin	1,00 €
Mietwagen/Tag	ab 50,00 €

bia wird auch der Rand akzeptiert
(umgekehrt jedoch nicht). Die Einfuhr der Landeswährung ist beschränkt auf 5000 N$. Bargeldabhe-
bungen sind an vielen Bankautoma-
ten mit dem Maestro-/Cirrus- oder
Girocardzeichen möglich (EC-Karte
mit PIN-Code). Kreditkarten sind
die beste Möglichkeit der Zahlung.
Bis auf wenige Gästefarmen und
Tankstellen werden die internationalen Karten akzeptiert. Für die
Anmietung eines Fahrzeuges ist die
Kreditkarte obligatorisch.

IMPFUNGEN

Impfungen sind nicht vorgeschrieben, wenn man nicht aus einem In-
fektionsgebiet anreist. Bei Reisen in
den Norden oder Nordosten des
Landes besteht besonders während
der Regenzeit ein erhebliches Mala-
riarisiko. Die Tropeninstitute in
Europa informieren über die Pro-
phylaxe. Eine Impfung gegen Hepa-
titis A ist sinnvoll.

INTERNET

www.auswaertiges-amt.de
Diese Seite gibt vor allem Sicher-
heitshinweise und allgemeine Län-
derbeschreibungen.
www.fit-for-travel.de
Wer sich in abgelegenen Gebieten
aufhalten will, erhält hier Tipps.

www.natron.net und
www.namibia-online.de
Diese Seiten listen Tipps, Länderinformationen und Unterkünfte auf.
www.namibia-tourism.com
Die offizielle Seite des namibischen Fremdenverkehrsamtes.
www.az.com.na
Die Website der deutschsprachigen »Allgemeinen Zeitung« aus Windhoek vermittelt einen ersten Eindruck vom Leben in Namibia.

KLEIDUNG

Der namibische Bekleidungskodex ist generell informell, Gesellschaftskleidung mehr oder weniger unbekannt. Ins Gepäck gehören stabile insektensichere Baumwollkleidung (am besten in staubunempfindlicher Farbe wie Khaki) und festes Schuhwerk für Wanderungen. Da es nachts kalt werden kann und die Wildbeobachtungsfahrten schon sehr früh losgehen, ist eine warme Jacke vonnöten, in der Regenzeit leichte Regenbekleidung. Schwimmbecken gibt's überall: deshalb Badesachen mitnehmen!

KLIMA

Brüllend heiße Sommer im Landeszentrum und in den Wüstengebieten mit 35 °C und mehr, feucht-heiße Schwüle am Kunene und im Caprivi, aber auch eisig kalte Nächte mit Temperaturen unter Null Grad in den Senken oder schneidender Wind aus Südwest in Lüderitz – alles ist geboten, je nach Jahreszeit und Region. Im Südwinter sind die Nächte sehr kalt, tagsüber gibt es aber durchaus angenehme Temperaturen um 20 °C. Im Sommer kühlt es abends auf erträglichere Temperaturen ab. Hauptregenzeit ist von De-

zember bis April. Doch auch dann regnet es nur kürzere Zeit. Selten kommt es zum Winterregen im Juni/Juli, wenn Wolken vom Kap hochziehen und im Landessüden sogar Schnee bringen können.

MEDIZINISCHE VERSORGUNG
KRANKENVERSICHERUNG

In den Städten ist der Standard der Apotheken und Ärzte hoch, auf dem Lande ist jedoch meist kein Arzt in näherer Umgebung zu finden. Im Notfall sollte man sich mit dem medizinischen Transportdienst ISOS (Tel. 0 61/23 05 05) in Verbindung setzen. Eine Kostenübernahme (Kreditkartennachweis!) muss gewährleistet sein, deshalb ist der Abschluss einer Auslandsreisekrankenversicherung ratsam.

KRANKENHAUS
Mediclinic

▶ Klappe vorne, nordöstl. e/f 1

Die private Klinik ist eine empfohlene Adresse für schwerwiegendere Erkrankungen.
Heliodoor St., Eros/Windhoek • Tel. 0 61/22 26 87

APOTHEKEN

Apotheken sind meist von Mo–Fr und Samstagvormittag geöffnet.

Luisenapotheke

▶ Klappe vorne, c 3

181 Independence Avenue, Windhoek • Tel. 0 61/22 50 61 • Mo–Fr 9–17, Sa 9–12 Uhr

NATIONALPARKS/SCHUTZGEBIETE
Namibia Wildlife Resorts

▶ Klappe vorne, c 3

Central Reservations Office, 189 Independence Avenue, Windhoek • Tel.

0 61/2 85 72 00 • www.nwr.com.na •
Private Bag 13378, Windhoek

Ministry of Environment and
Tourism   ▶ S. 83, a 3
Swakopmund Office, Ritterburg • Tel.
0 64/40 45 76
Buchungen für die Resorts in den
Schutzgebieten werden zentral in
Windhoek vorgenommen. Für Fahrten abseits der Hauptstrecken im Na-
mib-Abschnitt des Namib Naukluft
Parkes bei Swakopmund (u. a. Wel-
witschia-Drive) werden die Geneh-
migungen in Swakopmund erteilt.
Neben den staatlichen Schutzgebieten (Nationalparks, Wildgebiete und
Erholungsgebiete) gibt es zahlreiche
Hegegebiete (Conservancies), die als
Zusammenschluss privater Farmen
entstanden sind und ein strenges,
vom Staat überwachtes Naturschutz-
regime ausüben. Den strengen Regeln ist unbedingt Folge zu leisten:
keine Abfälle hinterlassen, auf den
ausgewiesenen Wegen verbleiben,
das Wild respektieren und die Pflanzen belassen.

NOTRUF

Polizei 1 01 11
ISOS Med. Tranport 0 61/23 05 05
Der staatliche Krankentransport ist
den Krankenhäusern zugeordnet
und wird über diese alarmiert.

POST

Das Postwesen gilt als organisiert
und verlässlich. Eine Straßenzustel-
lung ist unbekannt. Jeder besitzt ein
Postfach, bei dem er sich seine Sen-
dungen abholt. Briefe mit Straßen-
adresse werden als unzustellbar zu-
rückgesandt. Briefmarken sind in
den Postämtern, Buchhandlungen
und in den meisten Souvenirshops
erhältlich, die Postkarten verkaufen.
Eine Postkarte kostet 5,30 N$, ein
Brief 6,50 N$/10 g.

REISEDOKUMENTE

Deutsche, Österreicher und Schwei-
zer können mit einem gültigen Rei-
sepass einreisen, der sechs Monate
über die Reise hinaus gültig sein und
mindestens zwei freie Seiten enthal-
ten muss. Wer ein Fahrzeug anmie-
tet, muss theoretisch der Leihwagen-
firma einen internationalen Führer-
schein vorweisen.

SICHERHEIT

Namibia gilt als sicheres Reiseland,
hat aber, wie alle Länder der Dritten
Welt mit starken sozialen Unterschie-
den, auch Kriminalität gegen Touristen zu verzeichnen. Dies betrifft
hauptsächlich Taschendiebstähle und
Autoeinbrüche. Nur sehr selten
kommt es zu Raubüberfällen. Dennoch sollte man bestimmte Sicher-

Mittelwerte	JAN	FEB	MÄR	APR	MAI	JUN	JUL	AUG	SEP	OKT	NOV	DEZ
Tages-temperatur	30	29	27	26	23	20	21	23	27	29	30	31
Nacht-temperatur	17	17	15	13	9	7	6	9	12	15	16	17
Sonnen-stunden	9	8	8	9	10	10	10	10	10	10	10	10
Regentage pro Monat	8	9	8	4	1	1	1	1	1	2	4	5

heitsvorkehrungen treffen. Mitgeführte Wertgegenstände sollte man auf ein Minimum reduzieren, nachts sollte man nicht zu Fuß durch die Städte gehen. Fahrzeuge mit Gepäck dürfen nicht unbeaufsichtigt gelassen werden. Der Bargeldbestand kann gering gehalten werden, wenn man vornehmlich mit Kreditkarte zahlt. An Rastplätzen der Überlandstraßen nahe von Städten ist es gelegentlich zu Überfällen gekommen. Generell sollte man Rastplätze, auf denen schon ein Wagen steht oder sich Leute bewegen, nicht anfahren.

Wer in Städten ein Taxi benötigt, lässt sich vom Hotel einen Betrieb nennen und bestellt dort per Telefon einen Wagen. Nicht einsteigen, wenn schon Fahrgäste im Wagen sitzen!

STROM

In den Städten beträgt die Spannung 220 Volt, ein Adapter auch für europäische Flachstecker ist notwendig. Die meisten Herbergen können diesen verleihen. Auf dem Land sind Lodges und Gästefarmen fast nie an das Stromnetz angeschlossen. Hier wird mit Generatoren, Windrädern und Sonnenkollektoren gearbeitet. In großen Lodges beträgt die Spannung dabei 220 Volt, kleinere Betriebe können nur eine Spannung von 24 oder 36 Volt produzieren – ausreichend für Licht und Kleingeräte. Häufig wird dort Strom auch nur für einige Stunden am Abend und Morgen zur Verfügung stehen.

TELEFON

Vorwahlen

D, A, CH ▸ Namibia 0 02 64
Namibia ▸ D 00 49
Namibia ▸ A 00 43
Namibia ▸ CH 00 41

Jede Farm besitzt inzwischen ein Selbstwähltelefon, von dem aus man problemlos internationale Gespräche führen kann. Öffentliche Telefone sind fast nicht bekannt. Die Städte, Dörfer und großen Überlandstrecken sind mit einem gut funktionierenden Funktelefonnetz versorgt. Die Betreiber haben Roamingabkommen mit den deutschen Netzbetreibern geschlossen. Da die Kosten bei der Nutzung der eigenen Telefonkarte für Anrufe aus Europa Kosten beim Anrufenden und Angerufenen verursachen, ist es unter Umständen günstiger, eine namibische Prepaid-Karte zu erwerben (ab 2 €) und sich unter dieser Nummer anrufen zu lassen.

TRINKGELD

Trinkgeld ist in Namibia üblich. In Restaurants kann man 5–10 % der Rechnungssumme geben, ab einer gewissen Höhe aber sollte man den Betrag begrenzen; das Trinkgeld wird am Ende auf dem Tisch belassen und nicht direkt ausgehändigt. Auf Gästefarmen und Lodges steht meist an der Rezeption eine Kasse (Tip Box), in die das Trinkgeld hineingeworfen wird und so dem gesamten Personal – auch dem ohne Gästekontakt – zugute kommt; nur für besondere Leistungen z. B. des Wildführers auf einem Gamedrive kann man diesem direkt noch etwas zukommen lassen. Parkwächter erwarten etwa 5 N$ für die Bewachung, Gepäckträger 5 N$ pro Gepäckstück.

VERKEHRSREGELN

In Namibia besteht Linksverkehr, die Fahrzeuge sind rechtsgesteuert. In den Städten gilt eine Geschwindigkeitsbeschränkung von 60 km/h, auf

Teerstraßen 120 km/h, auf Pisten 80 km/h. Es herrscht Anschnallpflicht und ein Verbot für den Fahrer, ein Funktelefon zu benutzen. Eine Besonderheit ist der 4-Way-Stop an Kreuzungen: Jeder muss anhalten, derjenige, der zuerst an die Kreuzung gelangt, hat Vorfahrt.

VERKEHR

Namibia ist ein Land für Selbstfahrer. Der verlässliche öffentliche Personenverkehr besteht aus nur wenigen Bahn- und Busstrecken, die noch dazu abseits der touristischen Attraktionen verlaufen. Im Gegensatz dazu ist das Straßen- und Pistennetz sehr gut ausgebaut, gepflegt und hervorragend markiert.

SELBSTFAHRER

Nach einer durchwachten Nacht im Flugzeug aus Übersee sollte man die erste Fahrt im Linksverkehr vorsichtig angehen. Hat man sich daran gewöhnt, muss man erste Erfahrungen mit Pistenfahrten machen. Die Deutsche Botschaft legt am Flughafen Flugblätter mit Verhaltensregeln für Pistenfahrten aus, da es in der Vergangenheit zu zahlreichen selbst verschuldeten Unfällen kam. Als Ursache wurde fast immer unangepasste Geschwindigkeit bei Pistenfahrten erkannt. Fast alle Arten von Fahrzeugen haben die Leihwagenfirmen im Angebot: Pkw, Geländewagen und Campingbusse. Die Wahl des Wagens richtet sich nach der Tour, die man unternehmen möchte. Abgelegene Gegenden wie das Kaokoveld oder das Khaudom mit stark sandigen und felsigen Abschnitten sind nur mit einem geländegängigen Fahrzeug zu befahren. Immer ist auf ausreichenden Treibstoffvorrat zu

achten, ein zweiter Ersatzreifen gibt Sicherheit. Ebenso wichtig ist eine sehr detaillierte und aktuelle Straßenkarte!

BUSLINIEN

Der Intercape Mainliner verbindet Kapstadt über Keetmanshoop mit Windhoek und Windhoek mit Walvis Bay über Swakopmund. Eine weitere Linie führt nach Norden über Rundu bis Livingstone/Victoria Falls (www. intercape.co.za).

EISENBAHN

Mit der Eisenbahn fährt man von Windhoek nach Swakopmund im Westen und über Keetmanshoop nach Südafrika. Von Keetmanshoop ist eine Linie nach Lüderitz im Bau. In den Norden geht es von Windhoek nach Tsumeb.
Die Billets sind ausgesprochen günstig, die Züge aber recht einfach (www.transnamib.com.na). Der Luxusreisezug Desert Express verbindet Windhoek einmal die Woche mit Swakopmund. Auf der Fahrt finden Stopps mit interessanten Ausflügen in die nahe Umgebung statt (www. desertexpress.com.na).

FLUGZEUG

Vom internationalen Flughafen Hosea Kutako in Windhoek fliegt Air Namibia einmal täglich nach Johannesburg und zweimal täglich nach Kapstadt in Südafrika, fünfmal wöchentlich nach Maun/Botswana und Victoria Falls/Simbabwe sowie dreimal wöchentlich nach Luanda in Angola.
Vom nationalen Flughafen Eros bedient Air Namibia innernamibische Strecken nach Walvis Bay, Katima Mulilo, Lüderitz, Oranjemund und

Ondangwa. Zahlreiche Chartergesellschaften bieten zudem Flüge mit Kleinflugzeugen an.

Air Namibia Windhoek • Tel. 0 61/ 2 99 64 44 • www.airnamibia.com. na

ZEITUNGEN

Die einzige deutschsprachige Tageszeitung Afrikas wird in Windhoek verlegt – die »Allgemeine Zeitung«. Sie bringt Wissenswertes aus dem Land und der Welt.

ZEITVERSCHIEBUNG

Namibia stellt zeitversetzt zu Mitteleuropa auf Sommerzeit um. Vom ersten Sonntag im September bis zum letzten Sonntag im Oktober haben Mitteleuropa und Namibia die gleiche Zeit, ebenso die Woche vom letzten Sonntag im März bis zum ersten Sonntag im April. Vom letzten Sonntag im Oktober bis zum letzten Sonntag im März liegt Mitteleuropa eine Stunde vor Namibia, vom ersten Sonntag im April bis zum ersten Sonntag im September eine Stunde hinter Namibia. Der Caprivistrip orientiert sich am benachbarten Botswana und stellt meist nicht auf Sommerzeit um.

ZOLL

Reisende aus Deutschland und Österreich dürfen Waren im Wert von 300 €, bei Flug- bzw. Seereisen von 430 € (Jugendliche: 175 €) abgabenfrei mit nach Hause nehmen, Reisende aus der Schweiz im Wert von 300 SFr. Die Waren müssen für den privaten Gebrauch vorgesehen sein. Tabakwaren und Alkohol fallen nicht unter diese Wertgrenze und bleiben in bestimmten Mengen abgabenfrei (z. B. 200 Zigaretten, 4 l Wein). Die Ausfuhr von Elfenbein aus dem südlichen Afrika ist mittlerweile in bestimmtem Rahmen erlaubt, nicht jedoch die Einfuhr nach Europa. Dies betrifft auch Tiere, die dem Artenschutzabkommen unterliegen. Weitere Auskünfte unter www.zoll.de, www.bmf.gv.at/zoll und www.zoll.ch.

ENTFERNUNGEN (IN KM) ZWISCHEN WICHTIGEN ORTEN

	Gobabis	Keetmanshoop	Lüderitz	Mariental	Okahandja	Opuwo	Otjiwarongo	Rundu	Swakopmund	Tsumeb	Windhoek
Gobabis	–	687	1021	466	276	1263	450	905	563	361	205
Keetmanshoop	687	–	334	221	553	1157	727	1182	840	907	482
Lüderitz	1021	334		555	889	1537	1061	1516	731	1242	816
Mariental	466	221	555	–	332	982	506	961	619	687	261
Okahandja	276	553	889	332	–	593	174	629	287	355	71
Opuwo	1263	1157	1537	982	593	–	458	811	650	579	675
Otjiwarongo	450	272	1061	506	174	458	–	455	371	181	245
Rundu	905	1182	1516	961	629	811	455	–	826	308	700
Swakopmund	563	840	731	619	287	650	371	826	–	552	356
Tsumeb	631	907	1242	687	355	579	181	308	552	–	426
Windhoek	205	482	816	261	71	675	245	700	356	426	–

Kartenatlas

Maßstab 1:4 000 000

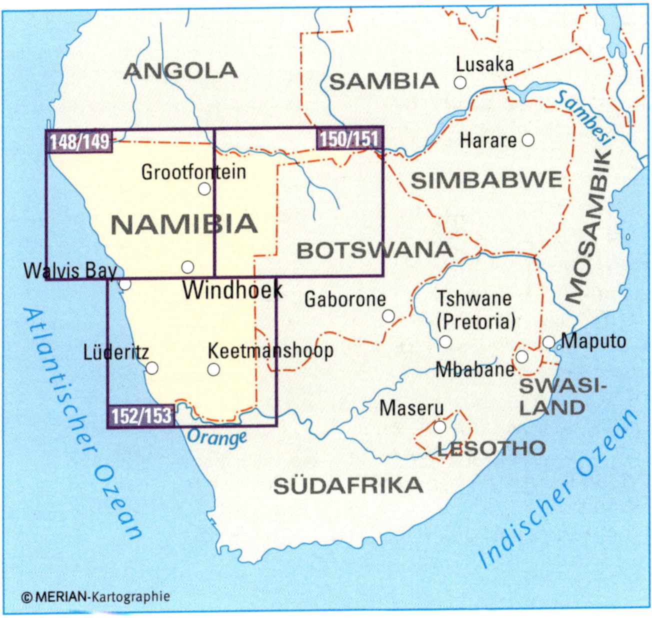

Map labels: ANGOLA, SAMBIA, Lusaka, 148/149, Grootfontein, 150/151, Harare, SIMBABWE, NAMIBIA, BOTSWANA, MOSAMBIK, Sambesi, Walvis Bay, Windhoek, Gaborone, Tshwane (Pretoria), Maputo, Lüderitz, Keetmanshoop, Mbabane, SWASI-LAND, 152/153, Orange, Maseru, LESOTHO, Atlantischer Ozean, SÜDAFRIKA, Indischer Ozean

© MERIAN-Kartographie

Legende

Routen und Touren

- Caprivi und Victoria Falls (S. 116) Start: S. 149, E 4
- Okavangodelta (S. 123) Start: S. 149, E 4
- Besuch bei den San (S. 125) Start: S. 149, E 4
- Zu den Himba im Kaokoveld (S. 127) Start: S. 148, C 2
- Vom Hochland in die Wüste (S. 128) Start: S. 149, E 4

Sehenswürdigkeiten

- **10** MERIAN-TopTen
- **10** MERIAN-Tipp
- Lodge

Sehenswürdigkeiten ff.

- Sehenswürdigkeit, öffentl. Gebäude
- Sehenswürdigkeit Kultur
- Sehenswürdigkeit Natur
- Kirche
- Museum
- Denkmal
- Leuchtturm

Verkehr

- Fernverkehrsstraße
- Hauptstraße
- Nebenstraße
- Unbefestigte Straße, Piste
- Fußgängerzone
- **B** Busbahnhof

Verkehr ff.

- **P** Parkplatz
- Flughafen
- Flugplatz

Sonstiges

- **i** Information
- Theater
- Botschaft, Konsulat
- Brunnen
- Aussichtspunkt
- National-, Naturparkgrenze
- Naturpark
- Salzpfanne/-steppe
- Sperrgebiet

A · B · C

1

2

3

4

Parque Nacional do Iona
Foz do Cunene
Otjinhungwa
Kunene
Epupa Falls
D3700
Chitado
Naulila
D3701
Ruacana Falls
Ruacana
Ombalantu
C46
Otjitanda
Epembe
D3700
C35
Ombombo-Ovambo
Ongandje
Tsa
Hoarusib
Opuwo
C41
Okongomba
D3707
Oruhito
1866
Joubertberge
Okatjuru
Skeleton Coast National Park
Purros
D3705
C43
Kowares
Dolomite Lodge
Sesfontein
Warmquelle
C35
D3707
Hoanib
Ongongo Fall
C43
Grootberg 1639
C40
Kam
Skeleton Coast National Park
Grootberg Lodge
Grootberg Pass 1540
Uniab
Terrace Bay
Palmwag
D
Huab
Fransfontei
C34
C43
Torra Bay
D3245
Bergsig
C39
Petrified Forest
D2612
Twyfelfontein
Brandberg Nes
Brandberg 2574
Uis
D2303
D2342
Messum Crater
Seal Reserve
Cape Cross
C35
Omaruru
D1918
Atlantischer Ozean
Henties Bay
Rossingberg 726
Ara
Mondesa
Swakopmund
Welwitse Pla
Walvis Bay
Rooiko

A · B · C

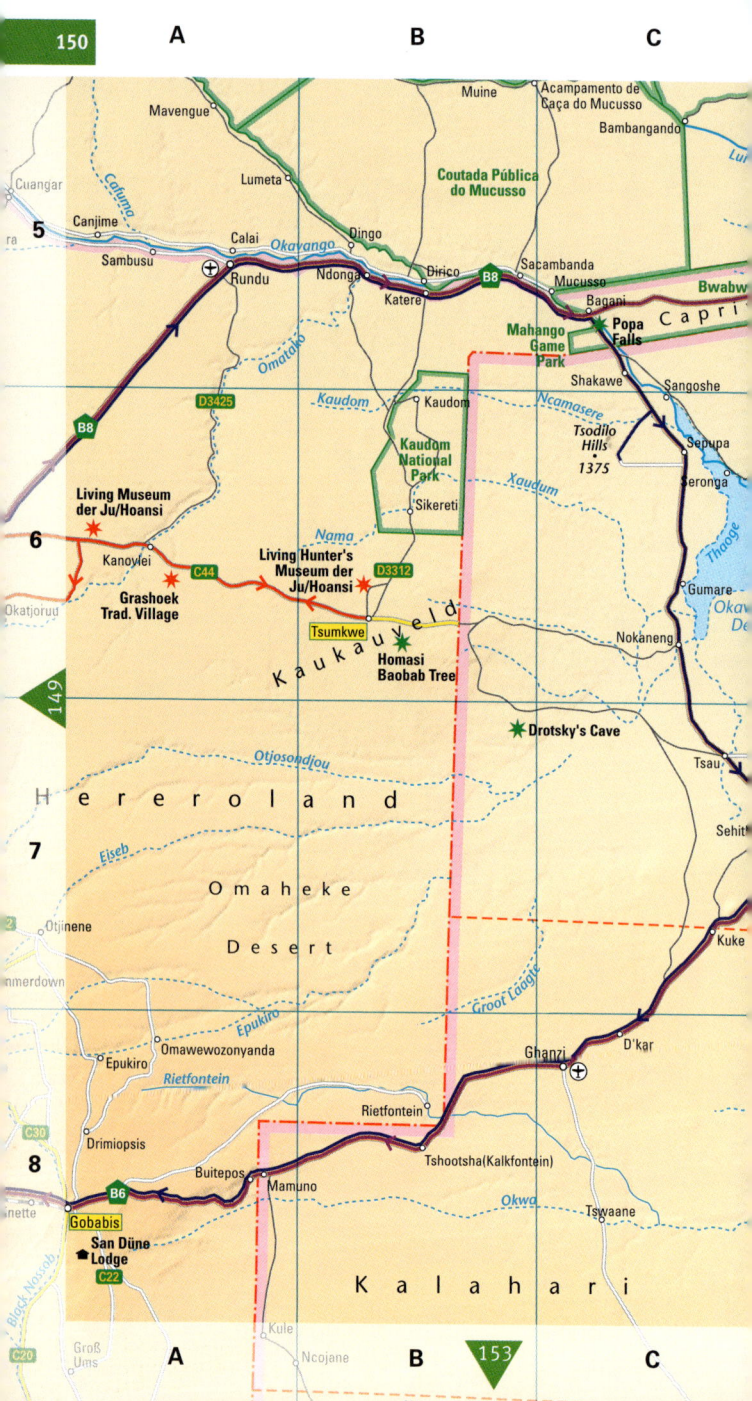

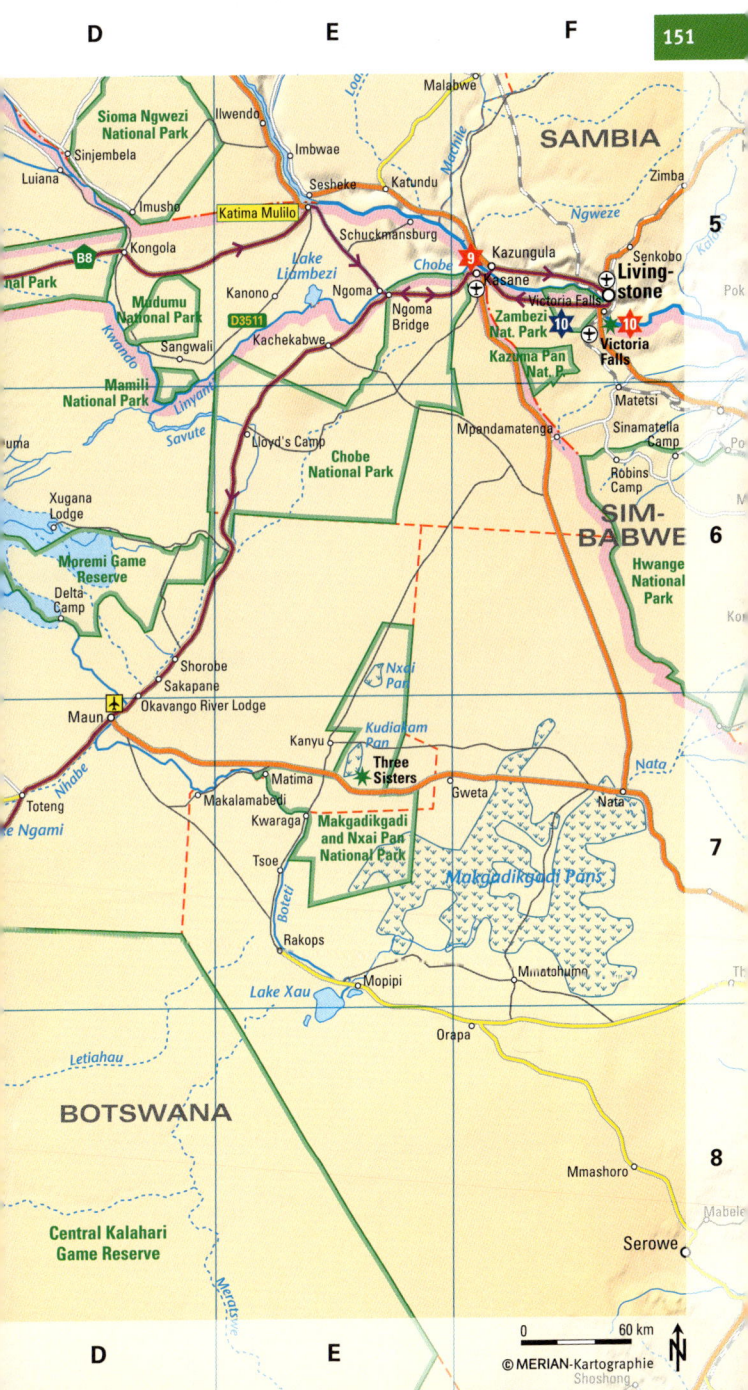

A · B · C

Windhoek

149

Swakopmund
Walvis Bay
Salwitschia Plains
Rooikop
Sandwich Harbour
Gobabed
Kuiseb
Kuiseb Canyon
Namib-Naukluft National Park
Sossusvlei Lodge
Sesriem
Sossusvlei
Sesriem Canyon
Witwater
Namib-Naukluft National Park
Schloss Duwisib
Namib Rand Nature Reserve
Helmeringhausen
Namib Biosphärenreservat
Koichab Pan
Garub
Lüderitz
Diaz Point
Haalenberg
Kolmanskop
Aus
Possession Island
Bogenfels
Sperrgebiet National Park
Witputz
Rosh Pinah
Richtersveld Transfrontier Park
Oranjemund
Alexanderbaai
Orange
Khubus
Richtersveld Transfrontier Park
Vioolsdrif

Rössing
726
Mondesa
Blutkuppe
C28
C14
Ruimte
Gamsberg Pass
Kuiseb Pass
Gamsberg
C26
Gamsberg 2347
Isabis
Spreetshoogte Pass
D1275
Nauchas
Naukluft-Gebirge
Solitaire
C14
C24
BuellsPort
Gamis
Tsarisberge
Tseugab
Kalkhügel
Tsaris Pass
C19
C27
D826
C14
D1089
D407
D707
Tirasberge
C13
C14
Kanibes
D414
Eidesmu
Brukkaros Crate
Schakalskuppe
Goageb
B4
Gawac
D463
Fish River Canyon
Fish River Canyon Park
Ai-Ais

Rehoboth
Kous.
B1
Petrusdal
Bitterw
Kalkrand
Klein Aub
Kam
Narob
Nomtsas
Hardap Dam
C14
C21
Ci
Maltahöhe
Bossiesvlei
Gibe
Schwarzrand
Nam
Bers
Gurb
Konkiep
Bethanie
Gel Karak
Dardabis
C28
Kupferberg Pass 2072
Aris
Kapps
Kaap
C23

Atlantischer Ozean

A · B · C

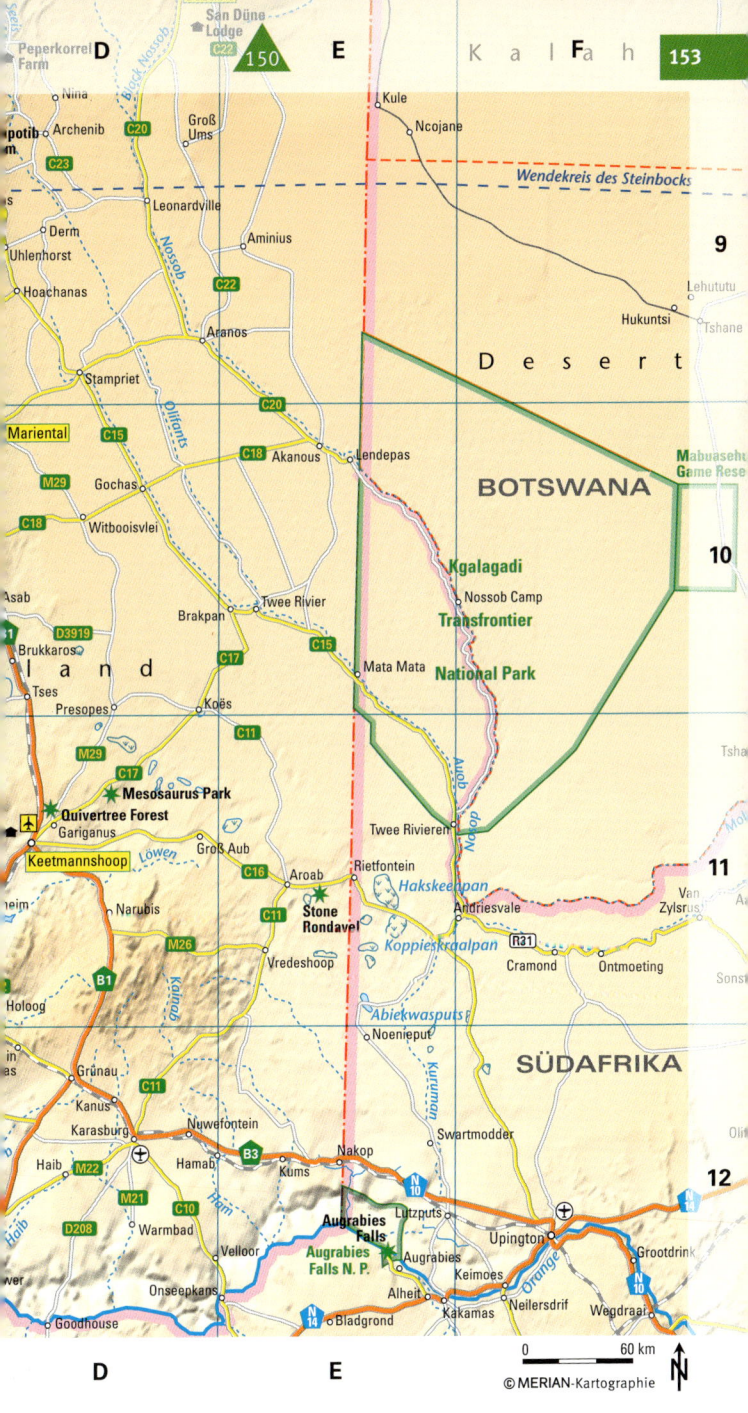

Peperkorrel Farm

D

San Düne Lodge

C22

150

E

K a l a h a r i

F

153

Nina

apotib m

Archenib

C20

Groß Ums

Kule

Ncojane

C23

Wendekreis des Steinbocks

Leonardville

9

Uhlenhorst

Derm

Aminius

Lehututu

Hoachanas

C22

Aranos

Hukuntsi

Tshane

Stampriet

C20

D e s e r t

Mariental

C15

C18

Akanous

Lendepas

Mabuasehi Game Rese

M29

Gochas

BOTSWANA

C18

Witbooisvlei

Kgalagadi

10

Asab

D3919

Brakpan

Twee Rivier

Nossob Camp

B1

Brukkaros

Transfrontier

Tses

C17

C15

Presopes

Koës

Mata Mata

National Park

C11

M29

C17

Mesosaurus Park

★ **Quivertree Forest**

Gariganus

Lowen

Groß Aub

Twee Rivieren

Keetmannshoop

C16

Aroab

Rietfontein

11

Narubis

C11

Stone Rondavel

Hakskeenpan

Van Zylsru

M26

Vredeshoop

Koppieskraalpan

Andriesvale

B1

Holoog

Cramond

Ontmoeting

R31

Abiekwasputs

Grünau

Noenieput

SÜDAFRIKA

C11

Kanus

Karasburg

Nuwefontein

Swartmodder

Haib

M22

Hamab

B3

Kums

Nakop

12

M21

C10

Lutzputs

Warmbad

Velloor

Augrabies Falls

Upington

D208

Onseepkans

Augrabies Falls N. P.

Augrabies

Keimoes

Grootdrink

Goodhouse

N14

Bladgrond

Alheit

Kakamas

Neilersdrif

Wegdraai

Orange

0   60 km

© MERIAN-Kartographie

D

E

N

Kartenregister

Orts- und Sachregister

Wird ein Begriff mehrfach aufgeführt, verweist die **fett** gedruckte
Zahl auf die Hauptnennung, eine *kursive* Zahl auf ein Foto.
Abkürzungen:
Hotel [H]
Restaurant [R]

Wenn eine **Strandbar** zu
unserem **Wohnzimmer** wird...

*... dann muss es **live!** sein*

Liebe Leserinnen und Leser,
vielen Dank, dass Sie sich für einen Titel aus unserer Reihe MERIAN *live!* entschieden haben. Wir freuen uns, Ihre Meinung zu diesem Reiseführer zu erfahren. Bitte schreiben Sie uns an merian-live@travel-house-media.de, wenn Sie Berichtigungen und Ergänzungen haben – und natürlich auch, wenn Ihnen etwas ganz besonders gefällt.

Alle Angaben in diesem Reiseführer sind gewissenhaft geprüft. Preise, Öffnungszeiten usw. können sich aber schnell ändern. Für eventuelle Fehler übernimmt der Verlag keine Haftung.

© 2013 TRAVEL HOUSE MEDIA GmbH, München

MERIAN ist eine eingetragene Marke der GANSKE VERLAGSGRUPPE.

BEI INTERESSE AN DIGITALEN DATEN AUS DER MERIAN-KARTOGRAPHIE:
kartographie@travel-house-media.de

BEI INTERESSE AN MASSGESCHNEI-DERTEN MERIAN-PRODUKTEN:
Tel. 0 89/4 50 00 99 12
veronica.reisenegger@travel-house-media.de

BEI INTERESSE AN ANZEIGEN:
KV Kommunalverlag GmbH & Co KG
Tel. 0 89/9 28 09 60
info@kommunal-verlag.de

TRAVEL HOUSE MEDIA
Postfach 86 03 66
81630 München
merian-live@travel-house-media.de
www.merian.de

2. Auflage

PROGRAMMLEITUNG
Dr. Stefan Rieß
REDAKTION
Simone Lucke, Richard Schmising
LEKTORAT
Waltraud Ries
BILDREDAKTION
Lisa Grau, Nora Goth
SCHLUSSREDAKTION
Ulla Thomsen
SATZ
Sabine Dohme, München-Planegg
REIHENGESTALTUNG
Independent Medien Design,
Elke Irnstetter, Mathias Frisch
KARTEN
Gecko-Publishing GmbH
für MERIAN-Kartographie
DRUCK UND BUCHBINDERISCHE VERARBEITUNG
Stürtz Mediendienstleistungen, Würzburg

TRAVEL HOUSE MEDIA
Ein Unternehmen der
GANSKE VERLAGSGRUPPE

PEFC
PEFC/04-31-1404

BILDNACHWEIS
Titelbild (Quivertree Forest), Visum: S. Sobotta
Alamy: A. P. 60, AfriPics.com 111, D. Delimont 63, FAN travelstock 126, imagebroker 100, Images of Africa Photobank 28, 42, K. Welsh 117 • Anzenberger: R. Haidinger 12 • Arco Images/Camerabotanica 20 • Bildagentur Huber: Bernhart 49, F. Olimpio 106, R. Schmid 112 • Bilderberg: O. Oberholzer 124 • Biosphoto: J.-J.Alcalay 4 • dpa Picture-Alliance: T. Schulze 44, 106 • EyeUbiquitous: Hutchison 71 • F1on-line: Tips Images 97 • GlowImages: C. Heeb 47 • Grootberg Lodge 23 • imagebroker: vario images 99 • IMAGO 51 • H. Mielke 19, 91, 114/115 • H.-J. Arndt 56, 88, 92 • Khwai River Lodge 121 • Laif: Eyedea Illustration/Hoa-qui/M. Renaudeau 24, P. Hahn 132, Hemispheres Images/P. Wysocki 10/11, C. Heeb 65, 130/131, H. Meyer 36, HOA-QUI/C. Vaisse 26 76, Polaris/E. Hockstein 86, S. Volk 39 • LCFN 72 • Look-Foto: J. Greune 36 • Mauritius images: imagebroker/C. Handl 94 • N/a'an ku se 53 • P. Arnold: R J. Ross 16, 54 • R. Irek 15, 80, 105 • Schapowalow: Boelter 79, R. Harding 34/35 • shutterstock: EcoPrint 59 • T. Stankiewicz 26, 30, 32, 69, 109 • Transit: T. Haertrich 129 • Visum: P. Bennett 2